JN024363

伝統と歴史がはぐくんだハワイの手仕事

増補改訂

ハワイアンキルト

パターンとステッチの魅力

藤原小百合アン

Hawaiian Quilt by Sayuri "Anne" Fujiwara

はじめに

　17歳のとき、交換留学生としてオハイオ州で1年を過ごした際、現地の高校の家庭科の授業で出合ったのが「パッチワークキルト」でした。幼い頃から手仕事が好きだったこともあり、それをきっかけにキルトに夢中になり、大学卒業後に働き始めてからもずっと作り続けていました。やがて結婚し、出産したときにはベビーキルトも作りました。

　数年後、マウイ島のハナマウイに行ったときのこと。ホテルの部屋に入るとベッドにクリーム色地にミント色のデザインを施したキルトのベッドカバーが掛かっていました。その色彩と独特の風合いのキルトに感銘を受けたのです。後にこのキルトはウル（パンノキ）のハワイアンキルトだとわかったのです。オアフ島に戻り、すぐにハワイアンキルトの先生を探したのですが見つからず、見よう見まねで挑戦してみましたが思うようにいきません。そんなとき運良く友人から紹介してもらい、キルトの先生と出会いました。基礎からしっかり教えていただき、1カ月後には初のハワイアンキルト「ウル」のクッションが完成。

　同じ頃、ワイキキのホテルでデモンストレーションをしていたキルター

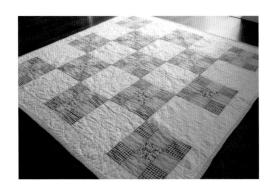

のアンティ・レイ（ハワイでは先生やおばさん、おばあさんのことをすべてアンティと呼びます）と出会い、アンティからも多くのことを学びました。そしてクッションからベビーキルト、ベッドカバーと作品を作っていくうちに、このかけがえのないハワイの文化をハワイの人はもちろん、ハワイを訪れる日本の方にも伝えたいと思い、自分でも教え始めることにしました。

　かつてハワイアンキルトのパターンは門外不出のもので、友人にさえも広げては見せずに、一部だけを折って見せたり、キルトの持ち主が亡くなったときはそのパターンが真似されないように焼いたり棺に納めたともいわれています。それほどハワイアンキルトは作り手の魂であり、キルターの人生の象徴なのです。

　母から子へ、子から孫へと受け継がれるハワイアンキルト。ハワイの貴重な文化、歴史、人々との関わり、精神など、本当のハワイアンキルトを理解した上で、たくさんの方に作っていただければこれほど嬉しいことはありません。

Anne's Hawaiian Quilt

Contents

- - - - - - -

※本書は、2014年4月、誠文堂新光社刊行の『ハワイアンキルト パターンとステッチの魅力』に新たな作品を加え、増補改訂版として出版したものです。

Contents

- - - - - - -

Chapter-1

ハワイアンキルトの歴史と文化を訪ねる

太平洋に浮かぶ楽園、ハワイに今も伝わる貴重な手仕事、ハワイアンキルト。美しい色彩と大胆なデザイン、そして細かくステッチを施したキルティングには、南国のものとは思えない繊細さがあります。このハワイアンキルトはいったいどのようにして生まれ、伝承されてきたのでしょうか。記録や言い伝えなどをもとに紐解いていきます。

ハワイアンキルトの誕生

布を知らなかったハワイの人々が、大きなハワイアンキルトを
代々作り続けるという文化のきっかけはいったい何だったのでしょう。
やがて子孫のためにデザインし、ステッチを施した美しいキルトに
発展するまでの歴史を振り返ってみます。

太陽が落とす大きな木の影から、ハワイアンキルトのデザインが生まれました。

　太平洋の真ん中に浮かぶハワイ諸島に、ニューイングランドからキリスト教を広めるべく宣教師たちが訪れたのは1820年代のこと。当時、彼らが出会ったハワイの人々はほとんど裸同然でした。海外との文化交流のない島国であり、1年を通じて温暖な気候で衣類を着る必要がなかったため、カパという樹皮で作られた生地を纏っていただけだったといわれています。そのとき宣教師の妻たちがハワイの女性に裁縫を教え、洋服を着る習慣が生まれました。また、その頃アメリカ本土では、イギリスから伝わったパッチワークキルトが定着しており、宣教師の妻たちが裁縫

とともにキルトも教えたと思われます。このパッチワークキルトとは、小さな端切れを幾何学模様に繋ぎ合わせるピースワークに綿と裏地を3層に重ねて縫い合わせてキルティングを施したもので、暖かさが重視されたものでした。しかしハワイは防寒を考える必要がなく、また端切れがなくピースワークができないことなどから、パッチワークキルトではなく、現在のようなハワイアンキルトの原型が生み出されたと考えられます。

　ハワイ王室には宣教師来布以降の約50年間はあまりプリンスが誕生しなかったので、1858年のプリンス誕生のニュースで大賑わい

となり、お祝いのキルトがたくさん作られたといわれています。当時は布地が貴重で、王室にも端切れがなかったため、シーツのような布を大きくカットして作りました。この作品から現在のような1枚の生地をカットして作るハワイアンキルトの原型ができたのではないかと考えられています。しかし、実際にはハワイアンキルトの正確なルーツや時期を記した書物は残されておらず、いつから今のようなハワイアンキルトが誕生したのかは定かではありません。

現在に残る伝統的なハワイアンキルトに描かれる植物のデザインには、次のようなエピソードがあります。木の下に妻たちが集まって裁縫をしていたときのこと、南国の強い日差しが白い布に葉の影の形をくっきりと描き出しました。そのさまざまな植物の影がハワイアンキルトのモチーフになったといわれています。南国ハワイだからこそ生み出されたデザインといえるでしょう。同じ頃に彼女たちは1枚の紙を折って雪の結晶のようなパターンを描き、それをカットするシンメトリー

アンティたちにとってアップリケキルト（ハワイアンキルト）を仲間と一緒に縫うのが、1日の楽しい時間でした。「家族を思いながらちくちくするのは、私たちにとって至福の時間です」といっていたそうです。（Photo by Hawaii State Archives）

11

The birth of the Hawaiian Quilt

な切り紙の手法も教えていました。この手法を応用して植物のパターンを描いたものがハワイアンキルトのデザインに取り入れられました。その後、ハワイ独特の植物や葉、実、花などの植物だけがモチーフのデザインに使われ、特徴的なデザインが画一していきました。このような経緯を経て、ハワイアンキルトは8つに折った生地に植物のパターンを描き切り紙の要領でカットして広げ、もう一枚の大きな生地に縫い付けてアップリケした布と、キルト芯、裏地の計3枚を一緒に縫うキルティング手法になりました。

当時のキルト芯はハワイのシダ、ハプウで作った綿を使っていたといわれています。そのため、この頃のハワイアンキルトは洗濯ができませんでしたが、後に綿やウールのキルト芯を使うようになってからは、ようやく洗濯ができるようになったということです。

伝統的ハワイアンキルトには3つの特徴があります。1つ目は、デザインがすべて1枚の生地からできていること。2つ目は、コントラストの強い2色の明るい無地の布を組み合わせて作っていること。3つ目は、「エコーキルト」と呼ばれる、波紋のような輪取りのキルトを外周に等間隔で幾重も続けて縫ってい

ハワイの国旗とハワイ王朝のエンブレム「コート・オブ・アーム」や王冠を入れたフラッグキルトは、ハワイ王朝を象徴する貴重なキルトでした。ハワイがアメリカ合衆国の一部となる時代に、たくさんのハワイの人々によって作られました。(Photo by Hawaii State Archives & Hawaiian Historical Society)

左：ホノルル美術館に現在も保管されている「The Beautiful Unequaled Gardens of Eden and Elenale」／中：繊細なステッチのハワイアンキルトの実演は、今も昔も多くの人々に注目されています。／右：キルト展には、主に大判のハワイアンキルトが展示されていました。（Photo by Hawaii State Archives）

ること。この３つの特徴的手法により、大胆かつ繊細で美しいハワイアンキルトが作り上げられているのです。

　ハワイの人たちは、今も迷信や言い伝えを重んじているため、動物や植物、さらに万物に至るまで、さまざまな伝説があります。同様にハワイアンキルトにもたくさんの言い伝えがあります。

　ハワイでは暗闇を嫌い、黒は悪霊の色を指すといわれています。そのためハワイアンキルトには決して黒色を使いません。また、夜にキルトをしてはいけないともいわれています。これには、暗闇を嫌うということだけではなく、昔はランプの光が暗かったためステッチが揃わなくなるからという意とともに、目が悪くならないようにという親心も含まれていたようです。また、ハワイアンキルトに生き物をモチーフにしたデザインを使うと、完成するまでに生き物の命が宿ってしまうと考

えられていました。そのため、昔ながらのデザインは、生き物のデザインは使われず植物のデザインを主として、つぼみ、花、種や実、葉といった植物の成長や様子を描くことを必須の要素としました。

　キルティングのステッチは、細かければ細かいほど素晴らしいキルターであるといわれています。スキルのあるマスターキルターのステッチは、縫い目も細かく安定しています。細かく縫える繊細さと確実性の持ち合わせた人が、マスターになれるということなのです。

　ハワイアンキルトは、今も嫁ぐ娘のために、孫の誕生祝いにとハワイアンの精神を受け継ぐ作品として、ハワイの人々にとって欠かせない存在になっています。この伝統的なハワイのアートを、いつまでも次世代に繋いでいくことが私たちにとっての重要な使命なのかもしれません。

アンティークのハワイアンキルトが残る
歴史的建造物

ハワイの歴史の中で希少な布を使ったハワイアンキルトは、
王族や資産家の贅沢品であり、子孫への愛情表現でもありました。
その証である素晴らしいアンティークのハワイアンキルトが、
今も歴史的建造物に残っています。
普段はあまり明るみに出ないキルトまで紹介します。

100年以上前のハワイアンキルトとともに
当時の反映を偲ばせるイオラニ・パレス

ホノルルのダウンタウン、キングストリートに建つイオラニ・パレスは、ハワイの歴史を語る上で最も重要であり、ハワイ王朝時代から共和国時代、そしてハワイ立州へと移り変わる激動の歴史の舞台となった建物。1882年、ハワイ王朝第七代目のデイヴィット・カ

ラカウア王により建てられたアメリカ合衆国唯一の王族公邸です。

　カラカウア王は、ハワイ王国で初めて世界との外交に力を入れ、太平洋に浮かぶハワイ王国を世に知らしめたばかりでなく、宮殿内に当時のモダン・テクノロジーを駆使するなど、ハワイ王朝の栄華の象徴的な人物でもありました。カラカウア王没後、第八代の後継者は妹のリリウオカラニ女王でしたが、女王は白人勢力に屈従し、1893年に王位を剥奪され、ハワイ王国は崩壊しました。

　その後、1959年にハワイはアメリカ合衆国第50番目の州となり、1969年には新政庁が完成。同時にイオラニ・パレスの復興が始まり、1978年にイオラニ・パレスは貴重な歴史的建造物として復活したのです。

"Ua mau ke ea o ka aina i ka pono"「大地の生命は正義によって守られる」と刻まれたコート・オブ・アームは当時のもの。

2013年に、大広間にオリジナルを忠実に再現したレプリカのカーペットが完成。

公的ビジネスや舞踏会などを催した1階フロアと、プライベートな空間の2階フロアを繋ぐコア（ハワイ固有の希少な木）製の階段。踏み板部分は当時のオリジナルのまま。現存するコア製の階段は少なくハワイの貴重な財産でもあります。彫刻を施した装飾部分はカマニ（ハワイ固有の木）やクルミなどを組み合わせたモダンな造り。

1階にある正餐の間は、カラカウア王が世界からの客人をウエスタンスタイルの食事で歓待した重要な部屋。王の椅子を客人の椅子の間に置き、より近い距離で身近な位置で世界の情報を聞いていたといいます。

　パレス内では、美しいコアの階段が印象的な1階をはじめ、２階にもハワイ初の照明器具が置かれるなど、カラカウア王が外交に力を入れていた事実がさまざまな部分から見てとれます。また、欧州の建築様式の影響が見られるアメリカン・フィレンツェ様式を取り入れた建物内には、豪華な家具や調度品、美術装飾品があったといわれています。王国滅亡以降、その多くはオークションで売られてしまいましたが、その後少しずつ取り戻し、今ではパレス内にオリジナルの家具などが展示されています。ハワイ王族の大きな肖像画、高級感あふれる家具、世界各国からの贈り物や装飾品など、当時の栄華を想起させる品々

青の間に飾られている、イオラニ・パレスを建てたハワイ王朝第7代カラカウア王の肖像画。王はチーフズ・チルドレンズ・スクールに通い、幼少より英語とハワイ語を流暢に使い、世界に通用する教育を受けました。肖像画の胸には多くの勲章が輝いています。

カラカウア王とカピオラニ王妃には跡継ぎがなかったため、カラカウア王没後は、妹のリリウオカラニ女王がハワイ王朝第8代の女王になりました。女王に即位する前、カピオラニ王妃と共にイギリスのヴィクトリア女王即位50周年の式典に招かれたことなどが、ウエストミンスター寺院での出で立ちを描いた絵（彫刻）からも見られ、イギリス皇室との強い関わりがうかがえます。

が豪華に飾られています。

　パレス内で一番の栄華を誇るのは、謁見室でもある1階の王座の間。正面に鎮座した王座は当時のもので、中央には王の戴冠式に贈られたという「プー・ロウ・ロウ」（タブースティック）が立っています。これはキャプテン・アルフレッド・キップが、北極海で勇敢に戦い捕獲したという貴重な一角鯨の牙で作られたものです。カメハメハ一世時代から、神聖な場所であることを示す「プー・ロウ・ロウ」は、王家の大切なシンボルでもあることから現在も王座の中心に飾られているのです。壁にはアジア、ヨーロッパなどさまざ

な王室から贈られた勲章が飾られ、天井にはオリジナルのシャンデリアが下がるなど、当時の様子がくっきりと浮かんでいます。

　また、カラカウア王は世界から訪れる客人をもてなす華やかな舞踏会を開いていました。舞踏会では、ラナイ（テラス）でロイヤル・ハワイアン・バンドが生演奏を奏でる中、正装したカラカウア王とカピオラニ王妃がはじめにダンスを踊り、後に続いて王家一族、客人と言う順に踊ったといいます。ハワイ王朝が最も繁栄した時代には多いときで400〜500名の客人が招かれていたようでした。

ハワイ州のモットー "Ua mau ke(ka) e oka aina i ka pono" と、王冠、プー・ロウ・ロウ（タブースティック）、王の守衛2人のハワイ王朝のシンボルが入ったカラカウア王のキルト。カメハメハ三世のエンブレムとは少し違っています。

1886年カラカウア王の50歳の誕生日の年に贈られたカラカウア王のオリジナルキルト。今でも倉庫で保管されています。前に並ぶ品々はそのときの贈り物です。

2階フロアにあるのはカラカウア王の寝室。ベッドの上に飾られているのは当時のキルトのレプリカです。1886年のカラカウア王50歳の誕生日を祝ってプレゼントされたものを精密に再現しています。オリジナルのキルトも存在しますが、100年以上経っているため展示できる状態ではありませんでした。そこで2009年にマスター・キルター、マーゴ・モーガンらがオリジナルキルトをほぼ完璧に再現したキルトを作り、展示したのです。

レプリカといっても、オリジナルを再現したキルトを作るのは容易ではありませんでした。オリジナルキルトから精密にデザインをトレースして作り、さらには完成品を学芸員

が厳しい目で確認した上でオリジナルと異なる箇所を指摘。オリジナルに完璧に近づくまで何回もキルティングをやり直したといわれています。

　カラカウア王亡き後、ハワイ王国の王位を継承したリリウオカラニ女王は白人勢力に勝つことができず、また争いを避けるため、たった2年で退位。ハワイ王朝は事実上崩壊しました。さらにその2年後、ハワイ王朝を復興させたいという王政支持派のクーデターが起き、その首謀者と疑われた女王は逮捕されてしまいます。女王の謀反ではありませんでしたが、血が流れるのを避けて女王は逮捕されたといわれています。かつて、栄華を極めたイオラニ・パレスの王座の間で裁判を受け、反乱に

加担した罪で5年間の重労働と5000ドルの罰金が課せられ、宮殿内の2階に幽閉されることになりました。幽閉の間には、幽閉中に装飾品やドレスをほどいて作ったクレイジーキルトといわれるクイーンズキルトが、飾られています。女王は複雑な気持ちや心境をこのキルトに折り込んでいたのかもしれません。

サテンやシルクの女王のドレスの一部やヘッドバンドなどが使われた"The Queen's Quilt"。クレイジーキルトと呼ばれる手法は、言葉通りクレイジーに色々な生地を繋ぎ合わせ、かざり刺繍で継ぎ目を縫う、当時アメリカ本土で流行った手法です。中心のブロックには女王の誕生日や幽閉された日などが刺繍されています。

"The Queen's Quilt" は1895年にリリウオカラニ女王が幽閉されてから始められ、8カ月弱の幽閉が終わっても、女王以外の人たちによって完成されました。

カメハメハ王家と
深い繋がりを持つ博物館
ビショップ・ミュージアム

　ビショップ・ミュージアムは、日本では明治時代にあたる1889年に設立されました。カメハメハ一族最後の直系にあたるバーニス・パウアヒ王妃は、アメリカ人であるチャールズ・リード・ビショップ氏と結婚し、子供を授かることなく52歳で他界。夫のビショップ氏はハワイの子供たちの教育に遺産を使って欲しいというバーニス・パウアヒ王妃の遺言通り、1887年に王妃の遺産をもとにカメハメハ・スクール男子校を創立しました（女子校

は1894年に設立。現在は共学になっています）。その後、財団を設立した際、同じ敷地内にハワイの美術工芸品や王族の家宝を収蔵するために建てられたのがビショップ・ミュージアムです。1960年に学校は丘の上に移転するも、現在も敷地内にはカメハメハ・スクール当時の建物、ビショップ・ホールが残されています。ミュージアムには、パウアヒ王妃が相

上：ハワイアンキルターでありキルトの先生でもあるアンティ・ママ・ロケ・マヌ。1965年ウルマウ・ビレッジにて。（photo by Bishop Museum）左：白地にカヒリと扇のデザインが、赤いアップリケされた伝統的なハワイアンキルト。雪の結晶のような典型的なハワイアンキルトのデザインが確立されて間もなく作られたもの。パターンのデザインに沿って外側に波紋のように広がっていくエコーイングキルトというキルティングの手法ではなく、全体に斜めの格子状にキルティングされており、キルティングの手法で作品の時代を知ることができます。1917年、オアフ島のマリー・ミュラーの作品。若年で亡くなったプリンセス・カイウラニを偲んで作られました。（photo by Joe Solem, Bishop Museum）キルト名「Fan and Feather Plume of Kaiulani」

宣教師の妻たちが教えた裁縫から、進化したハワイアンキルト。大きな樹の下に女性が集まり、キルトを楽しんでいた様子が見られる。
(photo by Tai Sing Loo, Bishop Museum)1940年代にアラモアナ・パークのハワイアン・ビジッジにて。

続した王家伝来の美術工芸品をはじめ、太平洋諸島ポリネシア全域の文化に関する美術工芸品、文献、写真など200万点を超える世界的にも貴重な品々が収蔵されています。

　その中にはパッチワークをはじめとしたキルトもあり、34枚のハワイアンキルトのコレクションも含まれています。古くは130年以上も前の1880年代の作品も残っていますが、これらのほとんどは後に寄付によって集められたものだそう。

　現在ミュージアムに展示されているキルトの中に、リリウオカラニ女王がマウイ島に住む友人の結婚記念のために作ったという100年以上前のフラッグキルトがあります。長い年月を経ているため生地が朽ち始めていますが、保存用ネットで包み、ていねいに保管されています。このフラッグキルトはハワイの旗を裏から見た形になっており、ハワイ王国に対する忠誠心が表されているといわれています。また、バーニス・パウアヒ王妃が所有していたパッチワークキルトも保管されていますが、王妃が亡くなる1884年以前に存在していたキルトがどのような経路で王妃の手に渡ったかは、不明のようです。

リリウオカラニ女王が作ったフラッグキルト。ハワイの州旗が逆さに組み合わさっています。中心のアップリケの部分の端には、クロスステッチが施されています。

ヌウアヌの涼しい風の中に佇む夏の離宮

キルト・コレクションを数多く展示する
クイーン・エマのサマー・パレス

別名「ハーナイアカマラマ」（月の養子）とも呼ばれるエマ王妃のサマー・パレスは、1800年代中頃、カメハメハ四世のエマ王妃とその家族が暑さと厳格な宮廷生活から逃れるために使っていた別荘で、エマ王妃と夫のカメハメハ四世、幼少の息子アルバートが幸せな時間を過ごした場所でもあります。建物は1848年にハワイ政府からこの土地を購入したハワイ系白人ジョン・ルイスが建てたもので、骨組みはボストンで造ってハワイに輸送し、ハワイで完成させたといいます。建築はギリシャ風リバイバル様式で、当時流行っていた東部建築様式とハワイ建築様式が融合した独自の建物です。1850年、エマ王妃の叔父にあたるジョン・ヤング二世に売却され、ハワイ島先祖代々の郷里にちなみ、ハワイアンネームの「ハーナイアカマラマ」と名付けられました。その後、子供がいなかったジョン・ヤ

ング二世の遺言によりエマ王妃に譲渡され、今でもパレスにはエマ王妃の所持品、調度品、工芸品をはじめゆかりの品々が展示されています。現在、ドーターズ・オブ・ハワイ（Daughters of Hawaii）というハワイ文化を維持存続させる団体とその補助団体カラバッシュ・カズンズ（Calabash Cousins）によって保存されています。玄関を入って右の部屋

国家歴史登録財の証。

カラカウア・クラウン＆リース・キルト。1900年に作られたとされるロイヤルカラー（黄／赤）のキルトは、マージョリー・スティーブンス（Marjorie Booth Stevens）から寄付された一枚でエコーキルトが施されています。時期によっては、サマーパレス内で展示されています。（photo provided by Daughters of Hawaii）

には、エマ王妃の愛息アルバート王子の誕生を祝い、夫のカメハメハ四世とともに注文したというハワイ固有の木（カマニ、コウ、コア、ミロ）で作られたゆりかごが展示されています。王子は4歳で突然亡くなり、その1年後に夫のカメハメハ四世も続けて亡くなりました。悲しみに暮れたエマ王妃は、「マウナアラ」という二人が眠るロイヤルファミリーのお墓を2週間離れなかったといわれています。その後、カメハメハ四世の兄である。カメハメハ五世が王の座を継ぎましたが、世継ぎが生まれずカメハメハ直系の血は途絶えました。1859年、エマ王妃とカメハメハ四世は、現在もホノルルにあるクイーンズ・ホスピタルを設立し、ハワイの人々に医療と安心を与えました。今も人々に信頼される病院として知られています。

コレクションは24枚。ほとんどが寄付によって集められたものです。一番古いとされているキルトが1880年頃の「ナ・カラウヌ・メ・カ・レイ・マイレ」（クラウン＆マイレ・レイ）です。（photo provided by Daughters of Hawaii）

歴史あるキルトを所蔵する グローブ・ファーム・シュガー・ プランテーション・ミュージアム

　カウアイ島の東部に位置する島で最も大きな町、リフエはサトウキビで栄えた地。初期のサトウキビ・プランテーションのひとつグローブ・ファーム・ホームステッドは島の歴史に触れられるミュージアムがあります。

　ウィルコックス一家はニューイングランドから宣教師としてホノルルへやってきて、ハワイ島のヒロやカウアイ島のハナレイなどの町で布教活動をしました。その後、その息子たちはハナレイから現在のリフエに移り住み、サトウキビ栽培産業を手がけるようになります。時代はゴールドラッシュや南北戦争後の経済成長期の1800年代後半。1864年に建てられた現在のグローブ・ファームはジョージN・ウィルコックス邸として代々子孫が暮らしていました。現在では、ミュージアムとして国と州の歴史建造物に指定され、プランテーション当時の生活をそのまま展示しています。

　このミュージアムはアンティーク・キルトのコレクションがあることでも有名です。19世紀のアメリカ本土ではパッチワークキルトが流行し、女性たちは日々制作に励んでいました。そして宣教師とその妻たちがハワイへ移住した際にパッチワークキルトを持ち込んだことでそれまでハワイに存在しなかった木綿を本土から取り寄せ、ハワイの女性たちに手ほどきをしてパッチワークキルトを伝えていきます。当時のハワイアンの暮らしといえば、ベッドにはラウハラというハラ（タコノキ）の葉で編んだマットを敷き、カパ（カパモエ）というワウケの木の皮を叩いてなめし、模様を描いたものをブランケット代わりに使用していました。そんな中、木綿の到来は画期的な近代社会を作ったといっても過言ではない出来事でした。

　アンティーク・キルトコレクションは約50枚所蔵されています。この中には現在のハワイアンキルトの作り方と同様に、1枚の生地を1/8に折ってからカットしたものと、小さい生地を繋ぎ合わせて作られたパッチワーク

404㎡の広さの敷地内に佇む、歴史あるウィルコックス邸。

1935年にミセス・ワイウリに作ってもらったメイベル・ウィルコックス（サミュエルとエマの娘）の「ウル」のキルト。ハナレイに建つウィルコックスの田園風の家「マハモク」のベッドは、すべてハワイアンキルトで飾られていました。2階のシングルサイズのベッドカバーは、メイベルからのリクエストで、大きなサイズのデザインから小さいサイズに直すのが極めて困難だった、とミセス・ワイウリは後にこぼしていました。

キルトの両方が含まれています。コレクションの中でも最も初期のキルトは「アルバムキルト」（1851年）と呼ばれる、本土のコネチカット州・ノーフォークで作られ、ルーシー・ウィルコックス（初代ウィルコックスの妻）に贈られたパッチワークキルトです。そして息子のジョージがホノルルで買い求めた「Nani o Ka Home」（1864年前後）という白地に薄いピンクのベッドサイズのハワイアンキルトです。

　1874年、ジョージの兄弟サミュエルは、ハワイ島ヒロの宣教師の娘であったエマ・ライマンと結婚しました。結婚時にエマが持ってきたのが4枚のベッドサイズのハワイアンキルトです。1枚は「Ka Ulu Kukui o Lanikaula」

という白地に赤のキルトで、ほかの3枚は名前も作り手も不明です。現在もコレクションの中に存在していますが、木綿100%の生地は痛みが激しいため、大切に保管されているということです。

一族の写真があちこちに飾られている、ウィルコックス邸の2階の部屋。

ハワイアン・フラッグ＆コート・オブ・アーム
1940年にキルター、ミセス・カレイ・モンゴメリーが制作。1933年にモ
キハナ・クラブ・エキジビット出展後、メイベル・ウィルコックスが購入。
ハワイ州の旗4枚とハワイ王国のシンボルが入ったフラッグキルト。

　1893年、ハワイ王国廃止によりリリウオカ
ラニ女王が王位を退位させられた後、ハワイ王
国への愛国心と忠誠心を表すフラッグキルトが
多く作られるようになりました。愛するハワイ
の紋章「コート・オブ・アーム」や、ハワイの8
島を意味する白、赤、青のボーダーのハワイ州
旗などがデザインされました。ウィルコックス
邸にも1940年の作品などが所蔵されています。

モキハナ 1941年頃の
ミセス・リディア・ワイアウの作品

カウアイ島にしか棲息しないという州花のモキハナをデザインしたハワイアンキルト。サミュエルとエマの娘であるエルシー・ウィルコックスが所有し、ウィルコックス邸の「マハモク」のベッドルームに飾られていました。

ハワイアン・クラウン＆コート・オブ・アーム
1933年頃のミセス・クピヘアの作品

キルター、ミセス・クピヘアがメイベル・ウィルコックスに贈ったというキルト。ハワイのエンブレムが入ったデザイン・パターンの周りにはステッチの揃ったエコーイングキルトが施されています。

リリア・オ・ナ・カロ (カラリリー)
1933年頃のミセス・エリスの作品

ミセス・エリスはエマ・ウィルコックス、メイベル・ウィルコックスの二人とともに1905年に創立したモキハナ・クラブの創始者の一人。サミュエルとエマの娘、エルシー・ウィルコックスに贈られた。

ハラ・カヒキ (パイナップル)
1940年のミセス・オピオの作品

キルター、ミセス・オピオの二人の娘がアップリケを担当して毎日ラウハラのマットの上に座り、低いキルトフープ（ホース）で作っていたといわれています。エルシー・ウィルコックス所有。

キハパイ・プア・オ・カウアイ（ガーデンアイランド）
年代不明。ミセス・ワイアヌの作品

キルター、ミセス・カネアクアのオリジナルデザインをミセス・モンゴメリーが制作。ミセス・アイゼンバーグが所用していたものをコピーしてミセス・ワイアヌが制作。

ピカ・プア・リリア（百合の花瓶）
1952年のミセス・マカナニの作品

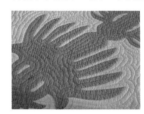

ミセス・マカナニは母と2人で、10年の間に15枚のベッドサイズのキルトを作成。マカナニのお母さんは、寝ている間にキルトのデザインが浮かんだといいます。

カ・ピカ・プア・オ・ハレ・アリイ（王様の花瓶）
1933年頃にミセス・ワイウリがキルト担当

カウアイ島ナウィリウィリ湾に建つジョージ・ウィルコックスのビーチハウス、「パパリナホア」のベッドに飾られていたもの。

ピアヒ・オ・カイウラニ（カイウラニの扇）
年代、作者ともに不明

当時のポピュラーなデザインのひとつであるカイウラニの扇。ミセス・ワイアウの母が同デザインのキルトを所有していたものを1941年にグローブ・ファームで購入しました。

カ・イプ・ククイ・オ・カフルイ （カフルイのシャンデリア）
1933年頃のミセス・ワイウリの作品
カウアイ島のハナレイに建つ「マハモク」で、テーブルクロスとして使用して
いた白地に薄ピンクでアップリケのみを施したものを、後にデザインをトレー
スし、色合いを替えてハワイアンキルトを完成させました。

　グローブ・ファーム・シュガー・プランテー
ション・ミュージアムの目的のひとつは、歴史
あるキルトの保存です。特に年代物のキルトに
は細心の注意を払い、所蔵されている50枚の
キルトは、年10枚を5年周期で特別なクリーニ
ング法で洗い、乾かしてから防虫性に優れた
楠のチェストなどで保管しています。
　ここで保管されているハワイアンキルトコレ
クションは、すべて白い糸でキルティングが施
されています。白糸のキルティングはステッチ

の正確さが浮き彫りになるため、キルターの技
術の高さがわかります。

邸内にはキルトを保管
するためのチェストが
並んでいます。写真は
楠製のチェスト。

約500点のアンティークのキルトパターンを
所蔵するワイアナエ・ライブラリー

オアフ島のホノルルから1時間20分ほど離れたイヴァ海岸に建つワイアナエ・ライブラリーには、かつてハワイの民族間だけでしか見られなかったハワイアンキルトの古いパターンが約500種も保管されています。

本来ハワイアンキルトのパターンや技法は先祖代々受け継がれるもので、家族や信頼できる仲間以外には見せることも共有することもありませんでした。20世紀に入りホノルル美術館でキルト展が開催されて以来、ハワイアンキルトは人気を博しましたが、全国的に関心は高まったもののキルトのパターンが簡単に手に入らなかったため広まるまではいきませんでした。

その後、ハワイアンの大切な伝統を守り後世に存続させるために、何人かのキルターがハワイアンキルトのパターンや手法を多くの人に教え広める活動に務めました。1960年代には毎年キルト展を開催し、古いキルトのパターンを自由に写せる機会を提供しました。そのキルターのひとりで何十枚ものパターン

を写させ、手法を教えたというヘレン・ギャスコンさんが寄贈したパターンが、今もワイアナエ・ライブラリーに所蔵されています。ヘレン・ギャスコンさんは軍人の妻たちをはじめ多くの人々にハワイアンキルトを教えて回り、その際にパターンを共有することで自身のハワイアンキルトのパターンも増えていきました。そこで自分のパターン・コレクションの写しを多くの人に自由に提供できるよう、

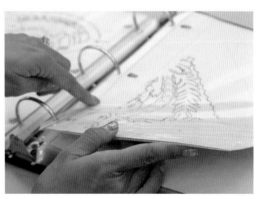

2m角の大きさのベッドカバーの1/8のデザインから、大きなキルトを想像します。

ワイアナエ・ライブラリーに寄付しました。
その後10年間でライブラリーのコレクション
は200枚に増え、今では500枚以上のパター
ンが保管されています（中にはクッションや
壁掛けなど小さいサイズのものもあります）。

　ワイアナエ・ライブラリーで1960～1980
年代に毎年開催されていた展示会「ハワイア
ンキルト・フェスティバル」の1回目は「ザ・
マザーズ・クラブ（後のナ・ワヒネ・ロカヒ・
オ・ワイアナエ）」のキルトが展示されまし
た。当初はベッドサイズ30枚の展示を予定し
ていましたが、クラブ結成後3ヵ月だったた
めベッドサイズは7～8枚しかできておらず、
クッションサイズの作品がほとんどで、作り
かけの作品も展示したといいます。本棚にか
けられたキルトを見に訪れる客は1日500人と
もいわれ、当時の新聞にはワイアナエ地域の
ハワイアンキルト熱の高さが記されています。

　ライブラリーの入り口に掛けられた「Huila

大きなパターンをトレースします。
＊注意＊ハワイアンキルトの歴史を永続する目的で、
トレースをさせてもらっています。パターンをトレー
スする人は、それなりの心の準備をし、節度を持っ
て著作権を大切に。パターンを売買したり、商用に
することは法律で禁じられています。

Wai O Makaha」（マカハの水車）という「ワ
イアナエの人たちへの愛の贈り物」と書かれ
たキルトは、パターンをトレースしたアメリ
カ本土のキルターの女性から贈られたもので
す。その女性は、ワイアナエは治安が悪いこ
とを知らされていましたがトレースをするた
めにこの地を訪れました。女
性がトレースを始めると4人
の少年が近づいて来ます。な
かのひとりが「何をしている
の？」と訊ねてきたので女性
が今まで作ったハワイアンキ
ルトの写真を見せました。そ
の途端、少年たちは感動して

ワイアナエ・ライブラリーで
のキルト・フェスティバルで
はキルトの展示の他、キル
ティングの実演会やデザイン
のトレースも行いました。

トレースを手伝い始めたといいます。彼らのおかげで女性は6ヵ月でキルトを完成させることができました。その時の感謝の意を込めてワイアナエの人たちに寄贈したということです。

　ワイアナエ・ライブラリーでトレースをする際、はじめにフォルダーからデザインを選びます。全体図のデザインはありません。パターンはすべて1/8に折った状態なので、まずは広げた状態を推測しなければなりません。90インチ角（230cm角）のベッドカバーサイズがほとんどですが、中にはキングサイズのベッドカバー（3m角）もあるので、大

きさも考えて慎重に選びましょう。アレンジせずにオリジナルデザインを使うことにワイアナエに来た意味があるのです。

　ベッドカバーのパターンはデザインが複雑です。またロイヤルキルトと呼ばれる王冠やマイレ、扇、カヒリなどをモチーフにしたデザインも目立ちます。マカハやナナクリ、ワイアナエの名前が付いたハワイアンネームのデザインも豊富です。トレースは下地、アップリケなどの色、完成図などを思い描き、構想を練りながらていねいに鉛筆でなぞっていきます。パターンのデザインだけではなく名前、完成時の大きさ、中心(PIKO)、縦布また

ワシントン州のエレノア・ラスリーさん(Quilted & Donated by Eleanore Lasley)から寄贈された"Huila Wai O Makaha"のハワイアンキルト。

左が図書館の館長、ローリー(Laurie)さん。当時のキルト展ハ
ワイアンキルト・フェスティバルには、ベテラン・キルターか
らスロー・キルターまでさまざまな人たちが集まっていました。
ポアカラニさん、エリザベス・アカナさん、アンティ・デビー、
そしてアンティ・レイなども出展をしていました。

は横布（Straight）、バイアスなど書いてある
ことはすべてトレースしてください。ワイア
ナエ・ライブラリーの館長さんによると「キ
ルトの歴史についての確かな文献はあまりな
いのですが、1820年代にキリスト教の宣教師
と妻たちがハワイにやってきて、ハワイの人
たちに絵などで説明しながら聖書を教えてい
たといいます。そのため最初のハワイアンキ
ルトのパターンは聖書のローズ・オブ・シャ
ロンからきているという説もあります。また、
ハワイアンキルトについての文献によると、
1960年代にハワイアンキルトのパターンが寄
付され始め、カウアイ島出身のベテラン・キ

ルター、ハナ・ペリーさんは家族が秘蔵して
いたキルトパターンを50種類以上も寄付した
と記されています」とのこと。また、ワイア
ナエ・ライブラリーで開催されたキルトショー
についての新聞記事もたくさん残っていまし
た。ハワイアン・キルト・フェスティバルの
展示会では「Kaio Pokai」「Puuwai Aloha
Honehone」「Kanani O Waianae」「Silver
Sword」「Napua O Nanakuli」「Liliuokalani'
s Fan」「Kalakaua's Kahili」などが展示され
ており、今でもこれらをトレースすることが
できます。

ピカケ＆チューブローズ
（Pikake & Tuberose）。ピ
カケとチューブローズの甘
い香りがするような可愛い
デザインです。可憐な花と
同じような形のスカラップ
仕上げにしました。

カイウラニの扇(Kaiulani' s Fan)。アリイ(Ali'i)(王族)のデザインとして多く使われたのが、カヒリや王冠。昔は王族以外は持てなかった貴重なデザインです。

ワイアナエ・ライブラリーのパターンで作る マカハキルトのデザイン

　ワイアナエ・ライブラリーが保管する昔のハワイアンキルトのデザインパターンを実際にキルトに復活させていくのは、まさに時間や民族を超えた作業です。キルターは、紙に描かれたデザインパターンを起こして息を吹き込む作業に、心が高揚するはずです。

　昔のハワイアンキルトはほとんどが2m角以上のベッドカバーサイズですが、この大きさだからこそ全体の複雑さやデザイン性が表現できます。たとえ大胆なデザインであっても細かいデザインが多いというのがトラディショナルなキルトデザインの特徴です。デザインパターンの中には、当時はアリイ(王族)

しか使えなかったカヒリ(ハワイ王族の象徴)や王冠などのモチーフをはじめ神聖な植物であるマイレやユリなども多く使われています。

　キルトにつけられたタイトルは、ハワイ語でつけているものや、「Napua O Nanakuli」(ナプア・オ・ナナクリ)など地名が付けられているものがあります。こうしたデザインパターンは叙情的な名前が多いため、タイトルだけでデザインを想像できます。先人たちがデッサンし、大切に保管してきたデザインパターンを使わせてもらえることへの感謝からキルト作りが始まるのです。

❀ マカハキルトのデザイン
- - - - - - - - - - - - - - - - - -

　ベッドカバーの多くはダブルベッドと3m角以上のキングサイズベッドなど大きなサイズ。どちらも大きさと重さがあるため、アップリケをするときもキルティングを施すときも並大抵の作業ではありません。大きいものだからこそ細部まで気を遣い、オリジナルのデザインと見比べながら作業をしなければいけません。以前エンジェル・トランペットのベッドカバーを作る際アップリケが終わる直前に中心の部分のデザインを逆に置いてしまったことに気が付き、アップリケをすべて

ほどいたという苦い経験をしたことがあります。そのようなことにならないよう、キルトを完成するためには、細心の注意を払わなければいけません。

　右ページの作品マカハの水車（Huila Wai O Makaha）は、大きな水車でサトウキビを絞っている光景でしょうか。たくさんの植物が茂る昔のマカハの田園風景が描かれています。オリジナルパターンは、3m角のキングサイズベッドカバーのように大きいサイズでした。

エンジェル・トランペット（Angel's Trumpet）をデザインしたキルト。ラッパを逆さにしたデザインは大自然の中の花の姿を表します。
2018年4月ワイアナエ・ライブラリーに寄与しました。

マカハの水車（Huila Wai O Makaha）。ワイアナエ・ライブラリーの入り口に掛けてあり、アメリカ本土のキルターから寄贈されたものと同じパターンをトレースし、完成しました。同じデザインでも全く違う2色で作ると、違った印象になります。

ハワイアンキルトの伝統を今に受け継ぐ
「マカハ・キルターズ」を訪ねる

かつて宣教師の妻たちに教えてもらったハワイの女性たちのように、
たくさんのキルターが集まり、楽しげにキルトを作るグループがあります。
それが「マカハ・キルターズ」です。約45年前に発足し、
今も当時のキルターを中心として多くのキルターが集まります。
彼女たちはいつも楽しげに語らい、笑いながらキルトを作り、
たくさんの素晴らしい作品を生み出しています。

マカハは、ワイキキから車で1時間30分ほど走ったオアフ島の西端に位置する、切り立った山々と緑に囲まれた大自然が広がる美しい地域。かつてサトウキビ栽培で栄えたエリアで、1800年代後半にはハワイアンのほか、サモア人、日本人、中国人、フィリピン人、ポルトガル人など多人種が暮らしていま

した。そのためオアフ島で2番目に人口の多い町になったといいます。

　現在、自然環境保護地区に指定されているマカハ。サトウキビ畑はなくなりましたが、山にはカメハメハ五世から贈られ野性化したというクジャクが数千羽も遊び回り、海には絶滅危惧種のハワイアン・モンクシール（ハワイだけに棲息するアザラシ）を始めイルカやウミガメ、熱帯魚などが棲息。大地には亜熱帯植物やトロピカルフルーツが豊富に実るなど、まるで楽園のよう。今も大自然に囲まれた美しいマカハだからこそ、ハワイ文化である伝統的なハワイアンキルトが受け継がれてきたのかもしれません。

マカハ・キルターズのひとり
アンティ・レイの美しいキルト

マカハのキルターのひとり、アンティ・レイ（アンティは名前でなく、親しみを込めていう呼び方で、レイおばさんという意）は、代々受け継いだパターンを次世代に繋げるための努力を厭わず続けていました。そんなアンティ・レイに憧れるキルターは決して少なくありません。

彼女はマカハの海が見える地に家を構えていました。そして週に1度キルターズが集う日以外も、オーシャンフロントの部屋で大抵の時間をキルトに費やしていたといいます。常に一定の早さと流れを保ちながら細かいステッチを刺していくキルトは、人間の機微がそのまま表れてしまいます。アンティ・レイのハワイアンキルトはどの作品からもその優しさと大らかさが醸し出され、まるで本当の祖母のような温かさささえ感じました。アンティ・レイは私が会いに行くといつも変わらぬ優しさで対応し、教えて

アンティ・レイのパターンは、生き生きとしたハワイの植物がどれも繊細でありながら大胆。

Barbara Leilani Maldonado (1931-2006)

くれました。

何年も前のこと、アンティ・レイは毎週金曜日にホノルルの有名なホテルのロビーで、キルトのデモンストレーション＆レッスンをしていました。その頃のアンティはハワイアンキルトのデモストレーションやスクールなど引く手数多で、同時にいくつものホテルなどを受け持っていました。どんなに忙しかったことでしょう。しかし、そんなときもアンティ・レイは、心地よい風が通るロビーで、いつも同じように爽やかに微笑みながら、キルトをしていたのです。

アンティ・レイはいつも私たちにいいます。「キルティングのステッチはいつも同じ気持ちで、なるべく細かくリズミカルに縫い揃えるのよ。そしてモチーフやエコーキルトは隙間なくキルティングで埋めてね」。ほんのわずかな隙間やキルティングがない部分を見つけると、「これはどうしたの？」と聞かれてしまい、気の弛みや

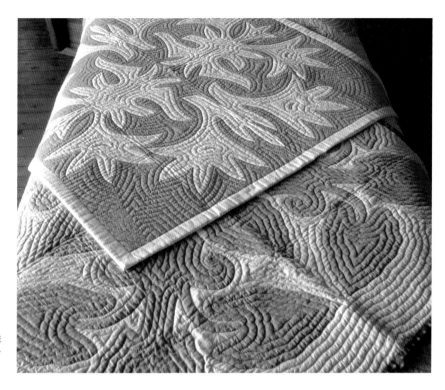

華やかで優しい色彩
が印象的なハワイア
ンキルト。

迷いがわかってしまいます。キルトはいつも安定した心でステッチを刺していくことが何より大切なのです。

　1928年にハワイではじめてキルト展がホノルル美術館で開催され、今まで門外不出で一般には隠されていたパターンが紹介されました。そのパターンが公開されてからハワイアン以外の民族の間でもハワイアンキルトが流行し始めました。通常ハワイアンキルトのデザインパターンは、代々、子孫のキルターが受け継いで行きます。しかし、家族にキルターがいない場合は図書館などに寄付されたといいます。その証がワイアナエの図書館に残っているのです。

在りし日のアンティ・レイ
と夫・エディさん。仲の良
さを物語る、自宅でのツー
ショットです。

45年続くキルターたちの集い
マカハ・キルターズに会いに

　切り立つ山々を背に、前に青いビーチが広がる美しい地、マカハ。その中央辺りにマカハバレー・カントリークラブがあります。ここのクラブハウスの一角に、毎週火曜日になると、ひとりまたひとりとキルターが集ってきてキルト・ビー（キルト会）が始まります。このキルト・ビーは今から約45年前、日系のミセス・キムラが、キルターたちが集まれる場として自宅を解放して始めたもの。ミセス・キムラが亡くなってからは場所をコミュニティー・センターに移し、その後マカハバレー・カントリークラブのオーナーが現在のクラブハウスを提供。そのおかげで現在もマカハ・キルターズのキルト・ビーが続いています。

　マカハ・キルターズには中心的人物が必ず存在します。今から十数年前まではアンティ・フェイでしたが、今は高齢ということもあってアンティ・サラが会を仕切っています。メンバーの年齢は40代から90代までと幅広く、皆が励まし讃えながら各自が自由に手仕事をし、作品を披露して喜びを共有します。

　ハワインキルトはオーソドックスなサイズのベッドカバー（約2m角）を仕上げるのに1年以上、約1500時間かかり、1枚に約200万以上のステッチを施します。すべてが手仕事のため気が遠くなる作業ですが、アンティたちは口を揃えてこういいます。

　「Patience（忍耐）がキルトのキーワードよ。楽しみながら続けることね」と。

新谷修二さん、美恵子さん夫妻。「ピュアなハワイアンとのディープな関係は貴重なハワイ文化も日々教えてもらえます」

キルトの会をキルト・ビー（またはキルティング・ビー）というのは、女性が集まると蜂（ビー）のようにうるさいというところから。何人ものアンティが集まるキルトの会は、まさにお祭り騒ぎ。声高らかに笑い語り合う人がいれば黙々とキルティングに没頭するキルターもいます。また、キルト作りの合間に持ち寄ったマフィンやスコーンなどの手作り菓子を食べながらコーヒーブレイクをするのもキルト・

ビーの楽しさのひとつ。ときに、昔ながらの懐かしいバター餅などローカル・フードも登場するなど、ハワイアンの伝統文化の交流の場でもあります。それぞれの楽しみ方で集えるのも会が長続きしている要因でしょう。

ハワイには多くの日本人が移住していますが、マカハに住む日本人は稀です。その中で日本から越して15年という新谷さんご夫婦は、マカハ、そしてマカハ・キルターズについて「今もネイティブ・ハワイアンが暮らすマカハだからこそ本当のハワイアンの文化、精神などに触れ合うことができました。古き良きハワイを思わせるこの地が大好きです。キルターズとの出会いは、生涯のご褒美だと思っています」と、話してくれました。

マカハ・キルターズのアンティたち。上段左からジェリー・オッティンガー、チコ・リヴェラ、ヴィッキー・モリス、エミリー・アウヴァエ、マーガレット・オキモト、下段左からモーリーン・ウェルチ、パトリシア・ボバード、サラ・エプリング、オードリー・ステイナー、シャーロット・グリーン。「さあ皆さんで記念写真を撮りましょう！」と、声をかけると集まるだけで大変な騒ぎに。でも皆さんの笑顔がとても素敵でした。

ヴィンテージから創作まで自由自在
マカハ・キルターズの作品

パターンや色の選び方には
キルターの個性が表れま
す。デザインはほかのキル
ターから譲ってもらったり
本などで選んだり、自分で
描いたりとさまざまです。

アメリカやカナダなど寒冷地域に住むリタ
イヤーした方々は、毎年冬になると暖かなハ
ワイに数ヶ月移住します。ハワイの人は、こ
のように冬だけハワイに来る人たちのことを
「スノー・バード」と呼んでいます。冬期にな
るとマカハ・キルターズにもスノー・バード
のキルターたちが加わり、エキサイティング

1820年代はパッチワークキルトが主流だったハワイのキルトは、その後、現在の形のハワイ
アンキルトへと意向。マカハ・キルターズの中には、端切れを使ったパッチークキルトも作
るキルターがいます。

エリザベス・ルートの本からパターン
を選び、縮小してサンプラーズキルト
を孫のために作っているという。

な再会の挨拶とともに一気に賑わいます。ス
ノー・バードの人たちはハワイアンキルトを
作る人のほかに、毛糸の編み物、レース編み、
タッティング、刺繍、クロスステッチなどさ
まざまな手芸を持ち寄るキルト・ビーに変わ
ります。かつてはベッドカバーのキルトが主
流だったハワイアンキルトですが、今は時間

伝統的な無地の2色使い。
白地に紺やブラウンでウッ
ドローズやユリのパターン
をクッションに仕上げます。

がさほどかからずに仕上げられる小さめのクッ
ションサイズのキルトが主流になってきてい
ます。時代とともにマカハ・キルターズの変
化が見られるのも自然な流れなのです。キル
ト・ビーはまた、集い楽しむ場というだけで
なく、ときにはコンペの場にもなります。励
まし合い、途中経過やデザインパターン、色
彩など、お互いに刺激を与え合い、モチベー
ションを高めるためのコミュニティでもある
のです。

（中央）ウルのデザインは繁栄の意があ
るため、キルターはこのデザインから
始めるのが一般的です。（下）パイナッ
プルやプルメリアは特に人気があるデ
ザインです。

無地だけでなくプリント
地、タイダイ（むら染め）
地、プリント地の模様を切
り抜いて使うなど、コンテ
ンポラリーな組み合わせも
多く見られます。

伝統にとらわれず自由に作れるキルトを
教えたポアカラニ・ハワイアンキルト

イオラニ・パレス内のオールド・アーカイブ・ビル（カナーイナ・ビルディング）では毎週、ポアカラニ・キルトが開催されています。以前そこで指導されていたジョン・セラオさんは2018年10月に天国に逝かれました。今は娘さんのシシーさんとタフィーさんが続けています。

キルトマスターのおばあさんに育てられた

ジョンさんの奥さん、ポアカラニさんは生まれたときから右手が不自由でした。キルト作りは家族に反対されていましたが、後に努力の末、マスター・キルターとなりました。

1972年「ポアカラニ」というハワイアンキルトの会社を立ち上げ、ご主人ジョンさんもすぐに参加しました。ポアカラニさんの家族代々に伝わるキルトパターンは、大きなベッドサイズのものが300点ほどありましたが、ジョンさんがハンディキャップのあるポアラカニさんのために、クッションサイズにデザインを描きました。のちにそれをレッスンでは初心者の人に教えました。今ではハワイアンの人に限らず、習いたいすべての人にハワイアンキルト・レッスンの門戸を開いています。

ジョンさんは新しいデザインは夢に出てくるのだそうです。生前1000点以上のデザインを描き、多くの人に広げました。ジョンさんが絶対に描かないモチーフは「鳥と人」だったそうです。鳥のデザインを描いて贈ると、なぜか必ずハワイからいなくなってしまうし、人間をデザインする

鉛筆を持つと止まることなくデザインを描いていた、在りし日のジョンさん

ジョンさんが私のためにデザインしてくださった「フラの楽器（Ho'olohe i na mele o makou kupuna)」キルト。

と、そのキルトの中の人が夜中に徘徊するとおっしゃっていました。昔ハワイ王朝の紋章に描かれている守衛をキルトにしたら、夜中に徘徊したという言い伝えがあるそうです。そんな先人の教えを大切にし、教訓にしてほしいとジョンさんはいつも願っていました。

　具合が悪くなった人を手作りのキルトで包むと病気が治るという言い伝えもあります。ていねいに縫い込んだ手縫いのキルトは、その思いが病気の人を介抱し、愛で包み込むと信じられているからです。キルトにまつわる話を制限なく話すジョンさんは素敵な方でした。家族が集まる場所には必ずハワイアンキルトを飾り、それについて語ることも大切だと教えて下さいました。

　生前、ジョンさんにオリジナル・デザインを描いていただきました。何年もかかりましたが、完成してお見せすることができ、とても喜んでいただきました。

　私からのインスピレーションで描いてくださったのが「フラの楽器（Ho'olohe i na mele o makou kupuna)」。クプナ（尊敬する先生方）の音楽を聴きましょうという意味のあるデザインです。フラは踊りませんが、音楽が大好きな私にはぴったりのデザインです。王家の色である黄色と赤でハワイアンの方々への尊敬の意を込めました。私の一生の宝物です。

上：ローカル、日本人、アメリカ本土の人たちなど色々な人たちが楽しそうに集まり、ちくちくしています。
下：ジョンさん、シシーさん（後）、タフィーさん（前）。

Chapter-2

ハワイアンキルトの
デザイン

伝統的なハワイアンキルトのデザインは、ハワイに自生する植物をパターンにしたものが主です。またハワイ王国が滅んだ後は、祖国への忠誠心を込めたフラッグキルトが多く作られました。かつて明るみに出なかったというパターンですが、20世紀になりさまざまな形でパターンを手に入れたキルターが独自のアレンジを加えさまざまなパターンを考案しました。この章は藤原小百合（アン）のオリジナルデザインとその植物を紹介。どのパターンもハワイの植物を理解し、大切に使ってくださることを願います。ハワイ主要8島の花と色も覚えてください。

ハワイアンキルトのデザインパターン

ベッドサイズキルトの歴史と意義

　現存している昔のハワイアンキルトは、そのほとんどがベッドカバーサイズです。はっきりとした文献は残っていませんが、宣教師の妻たちが持ち込んだパッチワークキルトをブランケットとして使っていたため、その大きさがそのまま現在のハワイアンキルトの原点になったと考えられます。そこへハワイらしい植物のモチーフをシンメトリーにデザインし、1枚の大きな布から切り出した大きなキルトに発展していきました。昔のキルターたちは、キルトのデザインを家族以外に供用しなかったといわれており、それぞれの家庭で代々続いたデザインや自分で手を加えたデザインなどを使っていました。現在まで絶え

私がハワイアンキルトを始めるきっかけになったキルト。

ることなく受け継がれてきたハワイアンキルトは、ハワイの貴重な文化です。伝統的な作り方に従い、かつての大きさに沿った作品を1年以上もの時間をかけて作り続けることに大きな意義があるのです。

まるで森の中のように数種の植物を組み合わせた「マノアの森」。深く切り込んだ部分やプカ（穴）が複雑に組み込まれている作品。

- - - -

「マノアの森」のベッドサイズキルト（2m角）
モンステラ、ホワイトジンジャー、プルメリア、レッドジンジャーのモチーフ入りのデザイン

2011年、オアフ島で開催されたキルト・ハワイの展示会の手縫い部
門でグランプリを受賞した作品。マノアの滝に行くまでの森の中で
見つけた植物をモチーフにデザインしました。

ハワイ諸島8島の花と色

ハワイ州には約132もの島々が存在します。その中で私たちが行けるのは、
現在ホノルルのあるオアフ島、カウアイ島、モロカイ島、ラナイ島、マウイ島、ハワイ島の6島に
限られています。そしてそのほか、ニイハウ島とカホオラヴェ島が入って主要8島になります。
その8島にはそれぞれ花と色がハワイ州により指定されています。
花だけではなく、レイに使われるものが花として指定されているものもあります。
8島の花と色をハワイアンキルトで表現してみました。

カウアイ島
→P.56

オアフ島
→P.55

モロカイ島
→P.60

マウイ島
→P.58

ニイハウ島
→P.62

ラナイ島
→P.66

カホオラヴェ島
→P.64

ハワイ州の花
マオ・ハウ・ヘレ
（イエローハイビスカス）

ハワイ州の木
ククイ・ツリー

ハワイ島
→P.54

覚えておきましょう：ハワイ8島の色と島の花

	島の色	島の花
オアフ島	黄（メレメレ）	イリマ
マウイ島	ピンク（アカラ）	ロケラニ・ローズ
カウアイ島	紫（ポニ）	モキハナ（実）
ハワイ島	赤（ウラウラ）	オヒア・レフア
ニイハウ島	白（ケオケオ）	ニイハウシェル（ププ）
ラナイ島	オレンジ（アラニ）	カウナオア
モロカイ島	緑（オマオマオ）	ククイ・フラワー
カホオラヴェ島	グレー（ヒナヒナ）	ヒナヒナ
ハワイ州		黄色いハイビスカス 州の木はククイ

ロケラニ・ローズの
ベビーキルト（130cm×100cm）と
モキハナのウォールハンギング
（90cm角）

Lokelani Rose Baby Quilt & Mokihana Wall Hanging

マウイ島の花であるロケラニ・ロー
ズをマウイ島の色・ピンクでベビー
キルトに。カウアイ島の花モキハナ
（実）をカウアイ島の色・パープルで
ウォールハンギングにしてハワイア
ンキルトの鮮やかさをイメージして
います。伝統的なハワイアンキルト
は2色無地の組み合わせにより、さ
らにデザインが浮き彫りになります。

ニイハウシェルの
ウォールハンギング（90cm角）

Niihau Shell Wall Hanging

ニイハウ島の色である白を使い、ニイハウ島の花の代
わりに認定されているニイハウシェルをデザインにし
たウォールハンギング。ニイハウ島のビーチに打ち上
げられた細かい貝殻を繋げてレイにしたネックレスは
大変貴重です。一生に一度は手にしてみたい本物のニ
イハウシェルは高価で貴重な憧れです。

Hawaii

ハワイ島

花：オヒア・レフア（P115参照）
色：赤（ウラウラ）

レフアのベビーキルト（130cm×100cm）

Lehua Baby Quilt

- - - -

ハワイ島の針のように繊細な花が咲く島の花、レフアをハワイ島の色、赤で描いたベビーキルトです。現在も火山活動が活発なキラウエア火山の溶岩を表現している情熱的な赤でもあり、キルターなら一生に一度は作ってみたい白と赤の色使いです。先の尖った花のアップリケには苦労しますが、完成時の達成感は想像以上です。

　ハワイ諸島の中でも最も大きいハワイ島は、ハワイ諸島を統一し、ハワイ王国を建国したカメハメハ1世誕生の島です。また、4000mを超える大きな山、マウナロア山とマウナケア山、そして今でも火山活動が盛んなキラウエア火山もあり年々島が大きくなっていま

す。キラウエア火山には火の女神、マダムペレも住むという神話や伝説も多くあります。ハワイ島の花はオヒア・レフアという木に咲くレフアの花。オヒアは木のこと、レフアは花を指します。島の色はレフアの花の色、赤です。

Oahu

オアフ島

花：イリマ（P103参照）
色：黄（メレメレ）

イリマのベビーキルト（130cm×100cm）

Ilima Baby Quilt

- - - -

オアフ島の色である黄色を使い、直径3cmほどの小さい花をたくさん描いたベビーキルトです。小さい丸い花びらと細かい葉脈のある葉をたくさん散りばめた黄色のベビーキルトは、部屋の中に太陽の光がさすように明るく演出してくれます。

　ハワイ州の首都ホノルルがあるオアフ島は、ハワイ州の人口の約80％が生活をする経済の中心です。有名なワイキキビーチもオアフ島ホノルルにあり、主要8島の中では3番目に大きな島です。オアフ島の花、イリマは王朝のシンボルになった花で、黄色い花びらが薄くデリケートな花です。葉の形が特徴的なイリマは、ワイキキビーチなどではかなかな見かけませんが、市街地から少し離れた海岸線あたりに這うようにひっそりと咲いています。そのイリマの花の色をとって島の色は黄色です。

❀ *Kauai*

カウアイ島

花：モキハナ
色：紫（ポニ）

カウアイ島のワイメアからコケエあたりの森林まで出かけないと見つけることのできないモキハナは、今ではとても貴重なカウアイ島の固有種です。ミカン科の植物なのでとても良い香りを持ち、その香りは花、葉、実、樹皮など全てに持っています。花は2〜3mm程度ととても小さく、色は少し透明がかった淡い緑色をしていますが、後に薄い紫色に変化します。また実も薄い緑から完熟すると紫になります。古くから儀式などに使われてきましたが、今では希少です。

モキハナのベビーキルト （130cm×100cm）

Mokihana Baby Quilt

- - - -

カウアイ島の花、モキハナの小さな実と神聖なマイレを、島の色である紫を使って作ったベビーキルトです。モキハナの実とマイレリーフで作ったレイを組み合わせたデザインにしました。モキハナの実は、私がシンボルとして使っているハートの形をしているので、たくさんの愛を込めています。

ハワイ州の中でもいちばん北に位置するカウアイ島は、主要8島の中でも最も古い島です。降水量が多く、雨によって生まれる滝が形成した山々や渓谷が、美しく見事な景色を生み出している、まさに庭園の島。中でもワイアレアレ山の降雨量は、世界で最も多い場所の一つで知られるほど島全体も瑞々しく、植物の色が鮮やかです。島の色は紫で、島の花に指定されたモキハナからイメージされた色です。モキハナは今では希少価値の高い植物で、なかなかモキハナの実のレイを見ることができなくなっています。

- - - - -

モキハナのベッドカバー
（2m角）

Mokihana Bedcover

カウアイ島の色紫で、モキハナの小さい
実をたくさん描いた大きなベッドカバー
です。ベビーキルトやウォールハンギン
グよりもダイナミックなベッドカバーな
のでデザインをより細かくしました。神
聖なマイレとの組み合わせも楽しめま
す。白地と濃い紫の生地もモキハナを浮
き立たせます。

- - - - -

モキハナのウォールハンギング（90cm角）

Mokihana Wall Hanging

紫をさらに鮮やかに引き出すために、明るいグリーン
の下地を使いました。大自然の中に生息するモキハナ
の雰囲気が伝わるようなウォールハンギングになりま
した。雨の多いカウアイ島にしげる鮮やかな植物の色
を表現しています。

Maui

マウイ島

花：ロケラニ・ローズ（P107参照）
色：ピンク（アカラ）

ロケラニ・ローズのウォールハンギング（90cm角）

Lokelani Rose Wall Hanging

- - - -

マウイ島の色であるピンクを使い、可憐に咲くバラを描きました。八重の花びらをくり抜いたアップリケで表しました。私のハワイアンキルトの始まりは、ハナのホテルでした。ハワイアンキルトに出会えた気持ちを込めてデザインしました。

マウイ島は2番目に大きな島。マウイ島のラハイナの町は一時期、捕鯨産業が盛んなハワイ王国の首都で政治の中心でした。今でも当時の面影を残している場所もあります。そしてハレアカラの雄大な景色、秘境の地ハナ、大きなリゾートエリアなど、オールドマウイとニューマウイ、どちらも楽しめる島です。島の花は、かつてのハワイ王国の首都があったので、その気高さを感じる濃いピンクのロケラニ・ローズ、マウイローズとも呼ばれていました。そこで島の色はそのロケラニ・ローズの色、ピンクです。

- - - -

ロケラニ・ローズのベッドカバー（2m角）

Lokelani Rose Bedcover

大きなベッドカバーには、ふんだんに華やかなロケラ
ニ・ローズを使いました。幸せ色のピンクは作業中も
常にハッピーな気分にさせてくれます。ベッドカバー
の完成には約40,000針のステッチが入り、1年以上の
時間を費やします。ステッチを入れるキルティングは
気の遠くなるような作業ですが、大好きなデザインや
色を選ぶと一針一針が楽しくなります。

- - - -

ロケラニ・ローズのベビーキルト（130cm×110cm）

Lokelani Rose Baby Quilt

同じロケラニ・ローズのモチーフでも、正方形と長方形の形に
よって違うデザインになります。ベビー用の大きさですが、ソ
ファーの背もたれにかけたり、ベッドランナーの代わりに使え
たりもする便利な長方形のキルトです。そして少し大きな作品
を作れたという満足度も得られるサイズです。

Molokai

モロカイ島

花：ククイ・フラワー（P105参照）
色：グリーン（オマオマオ）

ククイ・フラワーのベビーキルト（130cm×110cm）

Kukui Flower Baby Quilt

- - - -

モロカイ島の花ククイ・フラワーは、とても小さく5mm程度の花びらがたくさん付きます。花の細かさを表現するために飾りキルトでより細かくキルティングしました。伝統的なハワイアンキルトはエコーイングキルト（波のような）を施しますが、コンテンポラリーキルトは本物の植物のようにリアルにキルティングします。

モロカイ島はオアフ島から一番近いところに位置した、ハワイの本来の姿が残った島です。島の北側のカラウパパは、その昔ハンセン病患者が隔離されたという歴史もあります。ここで渾身的に介護に当たったベルギー出身のダミアン神父もここで亡くなりましたが、2009年にはバチカン市国より聖人と認定されました。モロカイ島の花はククイ・フラワーが認定され、ククイの木はハワイ州の木に認定されています。島の色はグリーンです。

- - - - -

ククイ・フラワーのベッドカバー（2m角）

Kukui Flower Bed Cover

小さい花びらのククイ・フラワーは、この大きなベッドカバーに320個の花を描きました。その個数のためベッドカバーの完成には通常の1.5倍の時間がかかりました。ハワイアンキルトのデザインはその植物の花、葉、実、茎、枝などバランスよく取り入れて描きます。花のほかに特徴的な形をしているククイの葉と実も足してみました。

- - - - -

ククイ・フラワーの
ウォールハンギング（90cm角）

Kukui Flower Wall Hanging

白地にモロカイ島の色、グリーンのモチーフを組み合わせるとはっきりとしたコントラストになりますが、薄いグリーンと濃いグリーンで組み合わせると優しい印象になります。私のキルトは伝統的な2色の無地使いなので、モチーフがより一層浮かび上がります。

☐ Niihau

ニイハウ島

花：ニイハウシェル
色：ホワイト（ケオケオ）

プライベート・アイランドのニイハウ島。古くからレイとしても使われたマキ貝のニイハウシェル。この島でしか取れない希少な巻き貝で、貝の色はライキ（米）といわれる白い「ププケオケオ」が最も有名です。ほかにも茶色が混ざった「モミ」や、濃い赤の「カヘレラニ」などの種類もあります。ハワイ王国のロイヤルファミリーの女性たちにも人気がありました。

ニイハウシェルのベビーキルト（130cm×110cm）

Niihau Shell Baby Quilt

- - - -

島の花として認定されているニイハウシェルをデザインし、アップリケをしました。海岸に打ち上げられた小さくて非常に貴重なニイハウシェルは集められたあと、ていねいに拭くとキラキラと輝きます。キラキラ感をラメ糸の飾りキルトで挑戦しました。

ニイハウ島はカウアイ島から南西27キロメートルに位置し、主要8島の中で唯一個人所有の島です。英国から移住したロビンソン家の祖先がカメハメハ5世から購入し所有するこの島は、一般の人は立ち入ることができません。島の花は花ではなく、ププシェル＝ニイハウシェルという小さな巻き貝が認定されています。ニイハウシェルは小さく色も豊富ですが、一般的な色は白なので、島の色も白と認定されています。ニイハウシェルは非常に貴重で高価なものとしてレイ、ネックレスやイヤリングなどに使われます。

- - - -

ニイハウシェルのベッドカバー
（白とアクア／2m角）

Niihau Shell Bed Cover

大きなベッドカバーに小さいニイハウシェルをデザインしたのでかなり細かいモチーフになりました。アップリケするのもキルティングするのも大変な作品です。下地には白を使い、アップリケには淡いブルーを組み合わせたので、全体的に優しい作品になりました。

- - - -

ニイハウシェルのベッドカバー
（白とロイヤルブルー／2m角）

Niihau Shell Bed Cover

下地が白でも重ねるアップリケの色により印象がまったく変わります。濃いブルーをアップリケにしたので、力強い海の印象が強くなりました。ハワイアンキルトはたった2色の組み合わせですが、2色だからこそデザインを強調することができ、1枚1枚が奥深い作品となります。

❄ *Kahoolawe*

カホオラヴェ島

花：ヒナヒナ
色：グレー（ヒナヒナ）

海岸近くの砂地に白い花を咲かせるハワイ固有種ヒナヒナは、カホオラヴェ島の花に指定されています。5つの白い花弁を持つ直径15mm程度の小さな花は、集合体になっており、ほのかに甘い香りがします。葉は肉厚で細かい繊毛が生えているので、遠くからみるとシルバーグレーに見えます。カホオラヴェ島には一般の人は立ち入れないので、これはハワイ島のラパカヒ・ステイト・ヒストリカル・パークで見つけました。

- - - -

島の色はグレーなので、少し濃いチャコールグレーをモチーフに使いました。ヒナヒナの花はとても小さい花が集合体になっているので、たくさんの花と、花より大きな肉厚の葉をバランスよくデザインしてみました。花の曲線はアップリケの練習にもなります。

ヒナヒナのベビーキルト（130cm×110cm）
Hina Hina Baby Quilt

　カホオラヴェ島は主要8島の中で、いちばん小さく、人が居住していない唯一の島です。古くから戦場になったり、太平洋戦争では米軍の練習地になっていました。米軍がハワイ州に島を返還してからは、一般人は立ち入り禁止ですが、文化的宗教的な活動にのみ使用できる島になりました。島の花はハワイ固有種のヒナヒナ。花びらは3mmくらいしかない本当に小さい花です。海辺に近い地の低い位置に咲くため、なかなか見つかりません。花に比べて葉は大きく厚みがあり、繊毛があるので遠くから見てもシルバーグレーに光って見えるのが特徴です。それで島の色はグレーです。

- - - -

ヒナヒナのベッドカバー（2m角）

Hina Hina Bed Cover

島の色であるグレーを濃いグレーとシルバーグレーとの2色で表現し、白地に合わせました。小さい花と大きな葉のコンビネーションなので、複雑な作業のアップリケを楽しむことができます。ハワイアンキルトを作る過程はいくつかありますが、アップリケ派、キルティング派、エコーキルティング派など人によって得意とするところがあります。それらの作業を平均的に進められると仕上がりが見えてきます。

Lanai

ラナイ島

花：カウナオア（P103参照）
色：オレンジ（アラニ）

カウナオアのウォールハンギング （90cm角）

Kaunaoa Wall Hanging

- - - -

白地に島の色、オレンジを使ったハワイらしくインパクトのあるウォールハンギングになりました。細いツルでカウナオアを繋いだデザインです。小さい花をたくさん散らすことでカウナオアの雰囲気を強調しています。白地にオレンジの組み合わせはクッキリとしてハワイらしいコンビネーションです。

　モロカイ島の南東に位置するラナイ島。昔はパイナップル・アイランドと呼ばれ、パイナップルの栽培が盛んな島でしたが、今はそのあとに大きなリゾートが建つ観光中心のとても静かな島で心の洗濯ができるでしょう。またユニークな地形なため、山間部では暖炉が必要なほど涼しく、海では海水浴を楽しむことができます。島の花はハワイ固有種のカウナオア。花は小さく花びらは3〜5mmの大きさで釣鐘のような形をしています。カウナオアは海辺の低い位置に生息していますが、花の色はクリーム色で、ツルのような茎がオレンジ色なので、遠くから見るとオレンジ色の茂みのように見えます。

- - - -

カウナオアのベッドカバー（2m角）

Kaunaoa Bed Cover

小さなカウナオアの花とつぼみに、細いツルのようなオレンジの茎を交互にデザインした大きなベッドカバーです。このデザインにはラナイ島の風を感じられるような気持ちを込めました。一度は行きたい憧れのラナイ島はハワイにいながら、異国にいるような錯覚になる不思議な島です。

Traditional Hawaiian Quilt

トラディショナル・ハワイアンキルト

ハウツリーのベッドランナー。ベッドカバーより短い時間で完成できる素敵なベッドルームのハワイアンキルトです。ベッドのサイズに合わせて作りましょう。

90cm角のウォールハンギングは、タペストリーやベッドカバーのアクセントとして使えます。上は月下美人、下はティアレのデザイン。

月下美人のベッドカバー（200cm×220cm）

Night Blooming Flower Bed Cover

2m角の大きなベッドカバーでは伝統的なシンメトリーのデザインを使いますが、花を散らすなど少しアレンジすることも可能。無地2色、裏地も無地を使うと、裏からでもキルティング・ステッチを楽しむことができます。

シャワーツリーの
ベッドカバー（2m角）
Rainbow Shower Tree Bedcover

夏のワイキキの風物詩ともいえるシャワーツリーをベッドカバーにしました。たくさんの小さなシャワーツリーの花はカラカウア通り沿いやカピオラニ公園でたくさん見られます。この作品はレインボーシャワーのオレンジと黄色のグラデーションの色使いにしています。

ホオマルヒア・ガーデンの
ベッドカバー（2m角）
Hoomaluhia Botanical Garden Bedcover

コオラウ山脈の麓、カネオへにある植物園をテーマにしたデザインです。壮大なスケールを楽しめる植物園で、そこで見られるラウハラやウル（パンノキ）、パパイヤ、ククイをモチーフにしました。

ココヤシのタペストリー（60cm角）

Palm Tree Tapestry

ハワイを代表する植物、ココヤシ。濃い色の下地に淡い色のアップリケを組み合わせるのはトラディショナルのひとつ。折り込みが目立つので、細心の注意を払ってアップリケしましょう。

アンスリウムのベビーキルト（130cm×100cm）

Anthurium Baby Quilt

ハワイではベビーベッド用のキルトのことを「ケイキ・キルト」ともいいます。ベビー用に使わなくても、壁掛けやソファーの背もたれに掛けるのにもちょうどいいサイズです。

リリウオカラニ女王のクラウン・フラワーの
ウォールハンギング（ピンク／90cm角）

Queen Liliuokalani Crown Flower Wall Hanging

リリウオカラニ女王が好んだというクラウン・フラワーをデザイン。ピンクと白で華やかなイメージに仕上げました。キルティングは下地と同じ色のキルト糸を使うとよいでしょう。

リリウオカラニ女王のクラウン・フラワーの
ウォールハンギング（赤／90cm角）

Queen Liliuokalani Crown Flower Wall Hanging

クラウン・フラワーはクリーム色か薄紫色の可憐な花をつけますが、この作品は白地に赤という最も伝統的な色を使い、力強さを強調したハワイアンキルトにしました。

- - - -

モンステラのベッドカバー（2m角）

Monstera Bedcover

プカ（穴）のあいたモンステラをたくさん描いたベッドカバーのデザイン。
中心のデザインとボーダーのデザインが一体になっています。外側に施され
た「チキンフット」という鳥の足のような3本ラインのステッチは、ハワイ
アンキルトでよく使われる手法の一つです。

- - - -

ロケラニ・ローズとパールのベッドカバー （2m角）

Lokelani Rose & Pearl Bedcover

マウイ島の島花、ロケラニ・ローズ。クイーン・エマが好きだったこのバラは、エマのサマーパレスの庭に植えられています。この作品で使ったフューシャ・ピンクの色はロケラニ・ローズの色。その美しいロケラニ・ローズの花とパールを描いたデザインです。

- - - - -

ロケラニ・ローズのベビーキルト（130cm×100cm）

Lokelani Rose Baby Quilt

クイーン・エマのサマーパレスにも、ロケラニ・ローズをデザインしたブルーと白のベビーキルトが飾られています。

- - - - -

マイレ・フラワーとリーフの
ウォールハンギング（90cm角）

Maile Flower and Maile Leaf Wall Hanging

マイレの葉は、ハワイの結婚式で新郎のレイに使う神聖な葉。花はオレンジと黄色が混ざった色ですが、反対色のピンクと深い青緑との色の使い方が新鮮です。

- - - - -

カラーリリーのベビーキルト（130cm×100cm）

Cala lily Baby Quilt

カラーリリーは細長い葉と白く巻いている花が特徴。結婚式のブーケとしても使われる清楚な花で、リリーの中心部分に愛のテーマであるハートのプカ（穴）をデザインします。

- - - - -

パイナップルのベビーキルト（130cm×100cm）

Pineapple Baby Quilt

ハワイアンキルトのモチーフで人気があるパイナップル。伝統的なキルトは2色の無地の生地を使いますが、パイナップルの存在感を出すため、黄色の生地を加えて3色使いに。

- - - -

クラウン・フラワーとクラウン、マイレ、カヒリのベッドカバー（2m角）

Crown, Maile, Crown Flower and Kahili Bedcover

ロイヤル・デザインである王冠、神聖なマイレ、カヒリ、リリウオカラニ女王の好きだったクラウン・フラワーを入れ、ロイヤルカラーの黄色と赤で作り、ハワイ王国への敬意を表しました。

- - - -
バード・オブ・パラダイスの
ウォールハンギング（90cm角）

Bird of Paradise Wall Hanging

バード・オブ・パラダイス。大好きだった友達の遺品となってしまったハワイアンキルトとウクレレ。今頃二人は天国で楽しく過ごしていることを願って。また会える日までAloha Oe..

- - - -
リリウオカラニ女王のクラウン・フラワーの
ウォールハンギング（90cm角）

Queen Liliuokalani's Crown Flower Wall Hanging

リリウオカラニ女王が特に好きだったのが、薄紫色のクラウン・フラワー。陽が当たり、木や葉の影による風景こそ、ハワイアンキルトのデザインの原風景です。

- - - -
クラウン・フラワーとレイの
ベッドカバー（2m角）

Crown Flower and Lei Bedcover

中心と外側のボーダーを一体化したデザインです。クラウン・フラワーはピンク、葉はネイビーと3色使いでビビッドに。女王の晩年の住居であったワシントン・プレイスにもメアリー・カラマさん作のクラウン・フラワーのベッドカバーのキルトが飾られています。

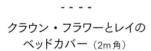

ウル、スパイダーリリー＆シェルジンジャーなど、ティーリーフ

ウルのベビーキルト（130cm×100cm）

Ulu Baby Quilt

この作品もエンジェル・ウルのデザインです。大きなベッドカバーサイズを作成する前にはクッション数個、ベビーキルトやウォールハンギングを数枚作ることをおすすめします。手が慣れてくるとステッチも一定になるので、仕上がりの美しさが際立ちます。

エンジェル・ウルの
ウォールハンギング（90cm角）

Angel Ulu Wall Hanging

最初に始めるキルトの柄はウル（パンノキ）がおすすめ。写真はウォールハンギングですが、通常の1/8ではなく1/4のモチーフで作り、ウルの葉を天使の羽に見立てました。

ウルのベッドカバー（2m角）

Ulu Bedcover

ハワイアンキルトを始めるきっかけになったハナ・マウイのキルトはクリーム地に淡いグリーンのウルでした。ウルは実が大きく、家族の食を満たす力強い植物です。この作品はクリーム地にピンクの配色です。

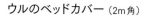

クイーン・エマの
サマーパレスのベビーキルト
（130cm×100cm）

Queen Emma's Summer Palace Baby Quilt

ヌウアヌ地区に佇むクィーン・
エマのサマーパレスの庭にはた
くさんの植物があります。クィ
ーンが大好きだったクィーン・
エマのスパイダー・リリー（紫
色）、ロケラニ・ローズ、シェ
ル・ジンジャー、レフアのモチ
ーフを使いました。

葉のコレクションのベビーキルト（130cm×100cm）

Leaf Collection Baby Quilt

キルターによっては1種類の植物のみをデザインする人もいま
すが、アンティークのキルトパターンには花瓶に入った数種類
の切り花のデザインもあります。これはラウアエ・シダ、パラ
パライ、ティリーフ、モンステラ、ウルの葉のモチーフを使用。

ティリーフのウォールハンギング（90cm角）

Tileaf Wall Hanging

魔除けや浄化の意を持ち、万能の葉とされているティリーフは、
一家に1枚掛けておきたいウォールハンギングです。

ハワイアン・フラワーのベッドカバー（2m角）

Hawaiian Flowers Bedcover

ハワイの太陽をサンサンと浴びて大きくきれいに咲いて
いるハワイアンフラワーをデザインにしました。クラウ
ン・フラワー、ハイビスカス、アンセリウム、オーキッ
ド、プルメリア、ロケラニ・ローズ、ボーダーにはティ
アレと波を入れ、伝統的な白と赤で作りました。

- - - - -
スノープルメリアの
ベビーキルト（130cm×100cm）
Snow Plumeria Baby Quilt

プルメリアは一度は作ってみた
いモチーフのひとつです。レイ
のように繋げたつぼみを、プル
メリアの木に絡めたデザインで
華やかさを出しました。3色使
いなので葉と花とつぼみのハー
モニーが美しい作品です。

- - - - -
ワイキキ・ビーチの
ベッドカバー（2m角）
Waikiki Beach Bedcover

ワイキキビーチのデザインは海
のブルーと花のピンクをイメー
ジした配色。ハワイの人は、来
客時にキルトをソファーなどに
掛け、キルトのストーリーとと
もに披露します。

Flag Quilt

フラッグキルト

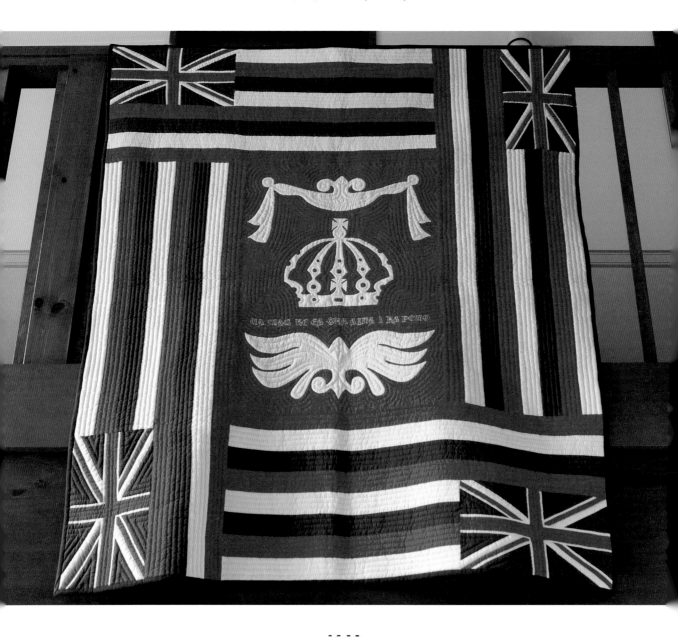

- - - -
長方形のフラッグキルト（150cm×130cm）
Flag Quilt

中央の刺繍「Ua mau ke ea o ka aina I ka pono」（大地の生命は正義によって永続される）は、カメハメハ三世が1843年に決めたハワイ王国のモットーです。

正方形のフラッグキルト

Ku'u Hae Aloha（我が愛しの旗）
ハワイ王国に忠誠を誓うキルト。
（140cm角）

フラッグキルトは通常、ユニオンジャックと8島を表すハワイ州の旗（裏から見た旗もある）、中心に王冠、カヒリ、コート・オブ・アームというハワイ王家のシンボルがモチーフになっています。このキルトは中央にカラカウア王の王冠を置き、周りにハワイ州の旗を4枚と神聖なマイレの葉を組み合わせたフラッグキルトです。

ハワイアンキルトは植物のモチーフを使った作品のほかに、フラッグキルトという大切なキルトがあります。はじまりは1806年〜1816年くらいだといわれ、1893年に王国が滅び、その後に臨時政府、共和制、準州、そして1959年にアメリカの50番目の州へと変化する目まぐるしい情勢の中で、ハワイの人たちは王国の滅亡を悲しみ、忠誠を誓う意味を込めてたくさんのフラッグキルトを作りました。ベッドの天蓋につけて眠ることもあったようです。20世紀以降はハワイ王国を祝い、ハワイ文化を継承する意味を込めて作られています。

- - - -

王冠とマイレのタペストリー（60cm角）

Crown and Maile Tapestry

フラッグキルトの中央部分のタペストリーです。カラカウア王の王冠には8島を表した8本のバーの飾りをつけ、贅沢なほどの宝石がちりばめられています。その王冠をモチーフにし、宝石の部分にはプカ（穴）を開け、周りにはタロイモの葉も入れました。アップリケの周りにクロスステッチの刺繍を施し、アンティークのキルトでも使われた手法を取り入れ、カラカウア王の王冠と神聖なマイレの葉とともに時間をかけてていねいに仕上げました。

Samplers Quilt

サンプラーズキルト

サンプラーズキルトは、小サイズのキルトのデザインをいくつも作り、それらを繋げて1枚に仕上げるキルトです。制作方法は2種類あり、1枚ずつキルトまで完成したものにパイピングをして繋ぎ合わせるものと、アップリケまでの小サイズの作品を仕上げて繋ぎ合わせ、1枚の大きなアップリケ地にしてからキルティングをするものがあります。小さいサイズを1枚ずつ完成させるサンプラーズキルトは制作するときも持ち運びやすく、1枚ずつ完結させられるため完成度が高くなります。

- - - - -

実のなるハワイのフルーツの
サンプラーズキルト（160cm角）

Fruitful Tree Samplers Quilt

上段の左上から時計回りに、アボカド、ノニ、パイナップル、オヘロベリー、ククイ、パパイヤ、バナナ、グアヴァ、マカデミアナッツ、ココヤシ、マンゴー、コナコーヒー。中心はアボカド、バナナ、グアヴァ、ノニのコンビネーションのデザイン。一枚ずつ完結させるタイプは、テーマを決めてからサンプラーズを作ると統一感がでます。下地はすべてのブロックが同じ色で、アップリケは4色を交互にしました。

- - - - -

ピンクの花のサンプラーズキルト（120cm角）

Pink Flower Samplers Quilt

上段左から時計回りに、マグノリア、アフリカン・チューリップ、ヒナヒナ、マイレフラワー＆リーフ、クラウン・フラワー、オーキッド、モキハナ、トーチ・ジンジャー、バード・オブ・パラダイス、プアケニケニ、チューブローズ、カウナオア。中心にはブーゲンビリアのデザインを入れました。 これも一枚ずつ完結させるタイプ。下地とアップリケ地を2色にし、交互に配置しました。

- - - -
グリーンのサンプラーズキルト（135cm×180cm）
Green Samplers Quilt

上段の左から順に（2段目3段目も同）ティリーフ、ホワイトジンジャー、ナウパカ（写真では見えていません）、メイプル、サクラ、プルメリア、レフア、パラパライ、ウル、ウルの葉、タロ、ヘリコニアのパターンで、一枚ずつ完結するタイプ。パイピングの色を統一し、同じ色の下地に種類の違うグリーンを4種類でアップリケしました。

- - - - -

ベージュとネイビーのサンプラーズキルト（225cm角）

Beige and Navy Samplers Quilt

小さなデザインパターンを25枚繋ぎ合わせて作ったサンプラーズキルト。45cm角の好み
のデザインを25枚繋げると、ちょうどキングサイズ用のベッドカバーサイズになります。
下地とアップリケ地の2色を交互に組み合わせたことで統一感が生まれ、25種のパターン
のサンプルレッスンにもなります。

- - - - -

愛しの8島の花のサンプラーズキルト（155cm角）
Beloved Eight Islands Samplers Quilt

ハワイ8島の花と、ハワイ州の木であるククイと花のハイビスカスを組み合わせたパターン、計9枚をアップリケして一枚の大きな生地にし、周りに波のデザインを付けキルティングしました。家族の幸せを祈ってピンク系でまとめています。

- - - - -

アイ・ラブ・ハワイ（127cm角）
I Love Hawaii

プロテアと月下美人を各2枚アップリケし、四隅の三角パーツを縫い合わせ、1枚の大きな生地にしてからキルティングしたサンプラーズキルト。四隅の三角の中に施したキルティングは、エコーイングキルトだけではなく、アップリケと同じデザインのプロテア、月下美人とハートのモチーフのキルティングをしています。

- - - - -

ビタミンカラーのサンプラーズキルト（1m角）
Vitamin Color Samplers Quilt

オレンジと黄色を組み合わせた、元気なビタミンカラーのサンプラーズキルト。左上から時計回りにオヘロベリー、ロケラニ・ローズ、バード・オブ・パラダイス、ヒナヒナのデザインをオレンジと黄色を交互に使ってキルティング。

- - - - -
13枚のサンプラーズキルト（180cm角）
13 Blocks Samplers Quilt

海の碧色をベースにハワイの8島を表す色を使い、それぞれの島の花をデザイン。中央にはハワイの王冠とマイレ、そして四隅には王朝のシンボル「カヒリ」を入れ、8島がハワイ王国を守っているように繋ぎ合わせた、サンプラーズキルトです。

ハワイの植物の
サンプラーズキルト
（135cm角）

Hawaiian Plants Sampler's Quilt

左上から時計回りにワイキキ・パームツリー、マカダミアナッツ、マオ・ハウ・ヘレ、ヒナヒナ、ラウアエ、ロケラニ・ローズ、ポーヒナヒナ、トーチ・ジンジャー、中心はモンステラとハワイの植物のデザインを使い、ピンク地にすべて色を変えて鮮やかな色のサンプラーズキルトにしました。

- - - -

8島の花とハワイアンフラッグの
サンプラーズキルト（180cm×135cm）

Eight Islands and Hawaiian Flag Samplers Quilt

王冠のモチーフをハワイの8島の花で囲み、ハワイの旗を1つだけサンプラーズキルトに付けました。ユニオンジャックと8島を表す8本のボーダー（白、赤、青）を繋げるのは、時間と手間がかかる作業です。

Contemporary

コンテンポラリー ・ ハワイアンキルト

- - - -

ジャンピング ・ ドルフィンのベッドカバー（2m角）

Jumping Dolphins Bedcover

ハワイに棲息しているドルフィンは、船で沖に出るとジャンプをして現れます。そんな姿を表現したキルトです。ドルフィンはそれぞれ離してデザインしていますが、カッティングするときにドルフィンがばらばらにならないよう鼻の部分を一部付けたままレイアウトし、まち針を止めた後に離してカットすると1頭ずつばらつかず、レイアウトしやすくなります。

- - - -

ハワイアン・モンク・シール（アザラシ）の
ウォールハンギング（90cm角）

Hawaiian Monk Seal Wall Hanging

唯一のハワイ固有種であり、絶滅危惧種に指定されたアザラシ
です。愛らしい顔のアザラシが海岸で昼寝をしている様子は微
笑ましい光景ですが、ハワイで出会う海の動物は、遠くから眺
めるだけにしてください。これは1/4に折ったものをカットし
て作った作品です。

ハワイアンキルトは近年、伝統的なデザイン
からコンテンポラリーなものへと変化をして
います。かつては、キルトに生き物をデザイ
ンすると魂が宿ってしまうと嫌がられていま
した。今でも4本足の陸の動物のデザインは
あまり見かけません。しかし、海に囲まれた
ハワイの島々は海の生き物との関わりが深い
ため、近年ではハワイの海で通年見ることが
できるドルフィンやホヌ、アザラシなどがデ
ザインに使われるようになりました。12〜4
月にかけては出産と子育てのため、ザトウク
ジラもやってきます。ハワイ諸島は、今も火
を噴く活火山のある生きている島です。そん
なエネルギーが満ち溢れている地に棲息する
生き物のデザインには、身と心を癒してくれ
るパワーが秘められているのかもしれません。

- - - -

海の生き物のベビーキルト（130cm×100cm）

Ocean Animals Baby Quilt

ハワイでは、子どもや孫が誕生するときに必ず作るハワイアン
キルトがベビーキルトです。健康にすくすくと成長するよう、
マナ（魂）を一針一針に込めて作ります。子どもが大好きな海の
生き物をたくさん入れたデザインに、名前、誕生したときの日
時、身長、体重、手形、足形などをアップリケや刺繍を施せば、
スペシャルなベビーキルトになります。

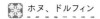

- - - - -
ブルーのホヌの
ウォールハンギング
（90cm角）
Honu Wall Hanging

近年、ハワイアンキルトのデザインにはホヌ（アオウミガメ）やドルフィンが多く使われます。なかでもホヌのデザインは、ハワイでは長寿、平和、幸運、謙虚さなどの意味を持つ縁起物とされ、特に男性や男の子のプレゼントに喜ばれます。このキルトは、甲羅に6つのハートの飾りキルトをして立体感を出し、ホヌの周りのエコーイングキルトは、ホヌと周りの双方からステッチすることで、動きを出した作品です。

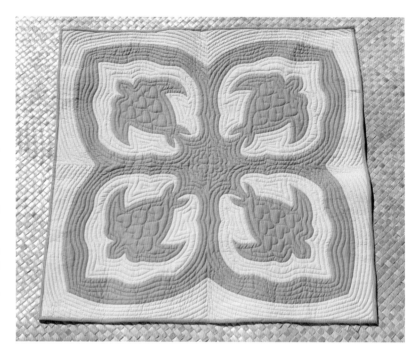

- - - - -
赤白のドルフィンの
ベビーキルト
（130cm×100cm）
Dolphin Baby Quilt

ハワイには、野生のハワイアン・スピナー・ドルフィンが多く棲息しています。少し小さめですが、クルクルとスピンしながらジャンプをするのが特徴。そのドルフィンのように、元気でかわいらしく育ってほしいという願いを込めて紅白で作りました。

- - - - -
ブルーとピンクの
ドルフィンのベビーキルト
（130cm×100cm）

Dolphin Baby Quilt

ベビーキルトは、クリーム色を
使うことが多いですが、ピンク
とブルーの組み合わせなら性別
に関係なく使えます。このキル
トはドルフィンのアップリケを
淡いピンクで、下地をブルーで
作っているので、青い水面に輝
くドルフィンが泳いでいるよ
う。ベビーキルトを作っている
と、心が優しくなると同時にキ
ルターも幸せな気持ちにさせて
くれます。

- - - - -
ミントのホヌの
ウォールハンギング
（90cm角）

Honu Wall Hanging

甲羅部分の飾りキルトは手が込
んでいますが、そこが逆に楽し
いパートでもあります。本物に
似せた甲羅のデザインをキルト
すると、ホヌが一段と立体的に
なってきます。でもあまりマナ
（魂）を入れると、夜中に泳ぎ出
してしまうかもしれませんね。

海のサンプラーズキルト（180cm角）
Ocean Samplers Quilt

植物だけでなく、それ以外のモチーフを使ったコンテンポラリーなサンプラーズキルトです。ドルフィンやホヌをはじめとしたハワイの海に棲息するさまざまな生物のデザインを繋ぎ合わせました。左上から時計回りに、ハワイの州魚フムフムヌクヌクアプアア（タスキモンガラ）、マンタ、ザトウクジラ、ホヌ、チョウチョウウオ、タコ、ドルフィン、タツノオトシゴ、クマノミとサンゴ、カニ、カジキ、クラゲ。中央にはハワイアン・モンクシール（アザラシ）を、波の泡を白にしてアクセントにしました。

シャチのオーシャン・ワールド・ベッドカバー（2m角）

Orca Ocean World Bedcover

大きな海の中を悠々と移動するシャチ。ハワイの海にも出現することがあります。その大きなシャチの模様も白をアクセントに入れて表現しています。シャチと合わせて海の中で泳ぐドルフィン、サンゴの側にいつもいるクマノミ、シェルや波で大海の世界をキルトにしました。生き物が動くと上がるしぶきも白いレイで描いています。

ドルフィンとシェルのベビーキルト（130cm×100cm）

Dolphin and Shell Baby Quilt

人々に癒しを与えてくれるドルフィンと海の中で共存している貝を組み合わせて、いかにも海で元気に泳いでいる感じをデザインと色で表現してみました。

海の動物とサンゴのサンプラーズキルト（120cm角）

Ocean Animals and Coral Sampler's Quilt

海のデザイン（ニイハウシェル、マンタ、ザトウクジラ、フムフムヌクヌクアプアア）を十字のラティスで繋ぎ、ボーダーには海藻とサンゴをデザインしたハワイアンキルトならではの世界観を作りました。

ハワイアンキルトのデザインに使われる
植物とデザイン

ハワイアンキルトのデザインのほとんどはハワイの植物がモチーフになっています。
ハワイアンキルトを理解する早道は、ハワイの植物を知ること。
ここではハワイの代表的な花から普段はあまり見られない希少な植物まで、
パターンに多く使われる植物を紹介します。

　ハワイの植物はハワイの文化や歴史と密接な関係があるため、ハワイを語るうえで欠かせない存在です。ハワイの人々が昔から食べていたもの、衣類にしていたもの、薬草にしていたもの、伝説やいい伝えのあるものなど、ハワイアンにとって植物は、歴史とともに歩んできた宝でもあるのです。

　ハワイの植物はほかの国では使われていない分類方法によって、大きく3つに分けられています。ハワイ諸島に元々自生している植物、移住してきたポリネシアンが持ち込んだ植物、そのほかの国から持ち込まれた植物です。さらにこのほかに次第に減りつつある絶滅危機種

の植物もあります。

　ハワイアンキルトを作る際は、植物の持つ意味や役割を考えてデザインを選び、それらが固有種なのか、外来種なのか、どのようにしてハワイにやってきたのかなどの背景を知ることも大切だということを覚えていてください。
ここではハワイアンキルトでよく使う植物を紹介します。はじめに読んでその植物の役割や意味あいなどを知っておくといいでしょう。

ハワイの植物の分類

1. 固有種
その国、地域にしかない種で、ハワイには2種類あります。
①エンデミック（Endemic）と呼ぶ、人間が住む前から生息していた植物のうち、ハワイ諸島でしか生息しない植物。オヒア・レフア、コア、ケキオ・ケオ・ケオなどに代表されます。
②インディジェネス（Indigenous）と呼ばれる、人間が住む前から生息していた植物のうち、ハワイ諸島を含む限られた土地で生息する植物。ハウ、ハラ、イリマ、ナウパカ、パラパライなど。

2. 伝統植物
ポリネシア人がポリネシアから持ち込んだといわれる植物。タロイモ、パンノキ、ティー、ククイ、サトウキビ、ココヤシ、バナナなど。

3. 外来種
外国から持ち込まれた植物。プルメリア、パイナップル、ハイビスカス、ホワイト＆イエロージンジャー、ブーゲンビリアなど。

ポー・ヒナ・ヒナはハワイ固有植物、ティリーフは伝統植物。作品を作るときには植物の話も覚えておきたいもの。植物にまつわる伝説やストーリーもキルトを語る際の大切な要素です。

カウアイ島ハナレイのタロイモ水田。ハワイの
主食だったタロイモはポリネシアから持ち込ま
れました。以来タロイモ水田はハワイの人の命
の源として生活に密接した存在です。

01

型紙
→P.98

エンジェル・トランペット
Angel's Trumpet

ハワイ語：ナナ・ホヌア／Nana Honua
外来種　原産地：中南米

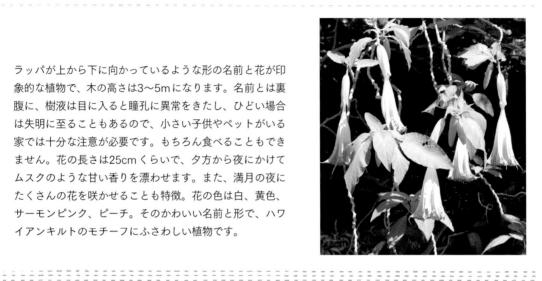

ラッパが上から下に向かっているような形の名前と花が印象的な植物で、木の高さは3〜5mになります。名前とは裏腹に、樹液は目に入ると瞳孔に異常をきたし、ひどい場合は失明に至ることもあるので、小さい子供やペットがいる家では十分な注意が必要です。もちろん食べることもできません。花の長さは25cmくらいで、夕方から夜にかけてムスクのような甘い香りを漂わせます。また、満月の夜にたくさんの花を咲かせることも特徴。花の色は白、黄色、サーモンピンク、ピーチ。そのかわいい名前と形で、ハワイアンキルトのモチーフにふさわしい植物です。

02

型紙
→P.98

アンスリウム
Anthurium

ハワイ語：なし
外来種　原産地：南アメリカ

花がハート型にシェイプしている愛らしい植物。1889年にロンドンから最初に輸入されたときの花の色は白、ピンク、赤でしたが、ハワイの気候や風土が適し、また、日本人の熟練した庭師によって品種も増えて、今ではハワイを代表する花のひとつになりました。赤をはじめ、パープル、オレンジ、ピンク、白、ミックスなどの色があります。花の受粉は蜂などによって行われますが、ハワイではトカゲやカメレオンが甘い蜜をなめることで受粉を助けているという説もあります。近年では、ハワイの切り花として、海外にも販売されるようになりました。

03

型紙
→ P.99

パンノキ
Breadfruit

ハワイ語：ウル／Ulu
外来種／伝統植物

タヒチアンの主食だったパンノキは、ポリネシアンによりハワイに持ち込まれました。パンノキは大きな実をつけるので、庭に1本あると、家族全員が食べることに困らないといわれています。大きな実は丸々として、最大5kgの大きさになります。木の高さは9〜18mくらいで、幹の直径は最大60cmほどになり、葉の大きさは30〜90cm。ポリネシアのパンノキは比較的軽量のため、幹は

カヌーに、樹皮はタパに、乳色の樹液はカヌーのボンドやチューインガム、鳥の捕獲などに使われました。実の部分は焼いたり蒸したり、ときには餅のようについて、ペースト状のポイにして主食としていました。ワイキキではあまり見かけませんが、フォスター植物園、マノアのライアン演習林、ビショップ・ミュージアム、「この木何の木」で有名なモンキーポッドのあるモアナルア・ガーデンで見ることができます。大きな実をつけることから「グッドラック」の意味を持ち、初めて作るハワイアンキルトのデザインとしてよく使われます。

大きなパンノキには年に3回実がつくため、大家族を支えることができるといいます。

01 エンジェル・トランペット
Angel's Trumpet

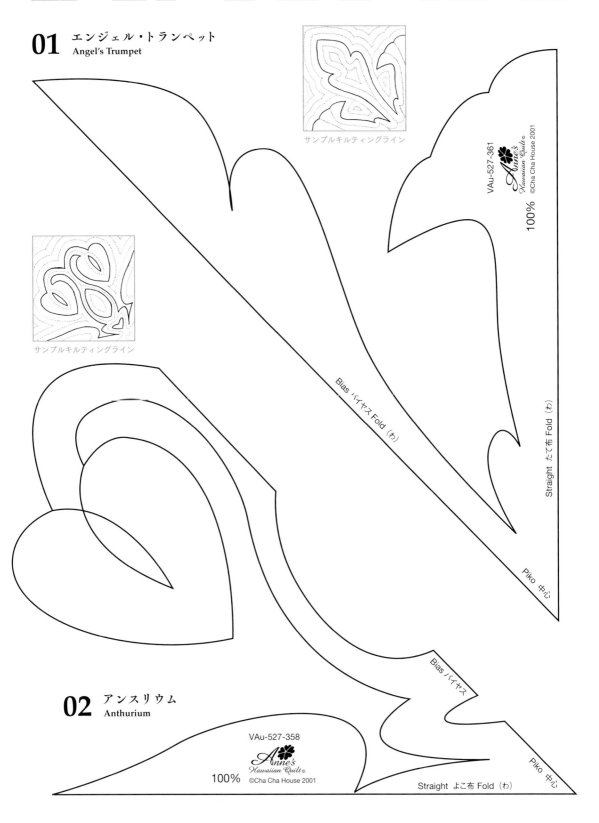

サンプルキルティングライン

サンプルキルティングライン

VAu-527-361

100%

©Cha Cha House 2001

Bias バイアス Fold （わ）

Straight たて布 Fold （わ）

Piko 中心

02 アンスリウム
Anthurium

VAu-527-358

100%

©Cha Cha House 2001

Bias バイアス

Piko 中心

Straight よこ布 Fold （わ）

03 パンノキ
Breadfruit

サンプルキルティングライン

VAu1-089-611
Anne's
Hawaiian Quilt©
©Cha Cha House 2011
100%

Bias バイヤス Fold（わ）

Straight たて布 Fold（わ）

Piko 中心

100%
VA1-085-810
Anne's
Hawaiian Quilt©
©Cha Cha House 2007

Bias バイヤス Fold（わ）

Piko 中心

サンプルキルティングライン

04 クラウン・フラワー
Crown Flower

Straight よこ布 Fold（わ）

04

型紙
→P.99

クラウン・フラワー
Crown Flower

ハワイ語：プア・カラウヌ／Pua Kalaunu
外来種　原産地：インド、東南アジア

ハワイで見られるクラウン・フラワーの色は2種類あります。1つは薄い紫色をしている花で、1870年にハワイに持ち込まれました。ハワイ王朝初であり、王制最後の女王となったリリウオカラニ女王の大好きな花でした。もう1つはクリーム色の花がつくクラウン・フラワーで、1920年代に持ち込まれました。5枚ある花びらは反り返っていて、とてもユニークな形をしており、花の先端につく星形に膨らんだ部分が王冠に似ているところから、クラウン（王冠）・フラワーと呼ばれています。たくさんの花を付けた枝は太陽に向かって成長するため、おおらかな印象を受けます。ハワイ州の知事公邸であるワシントンプレイスの庭やフォスター植物園に咲いており、甘い香りがするのでレイなどによく使われます。

05

型紙
→P.101

ヘリコニア
Heliconia

ハワイ語：なし
外来種　原産地：主に中米、南米

名前の由来は、ギリシャ神話の芸術の神ミューズ（ムーサ）たちが集っていた神聖なヘリコン山からきています。ロブスターの爪のような苞がぶら下がっているヘリコニアは、ハワイに最初に持ち込まれた種類で、ハンギング・ロブスター・クロウ（1）と呼びます。花序は下に向き、赤と薄い緑の苞を12個ほどつけ、その苞の先に黄色い花が咲きます。このほかに、花序が下から上に向いているタイプもあり、これはカリビアン・ヘリコニア（2）と呼ばれ、6〜12個くらいの苞がつき、白い花が咲きます。苞が左右交互についているのが特徴的で、ハワイでは鑑賞用にも切り花としても人気があります。

（1）ハンギング・ロブスター・クロウ。（2）カリビアン・ヘリコニア

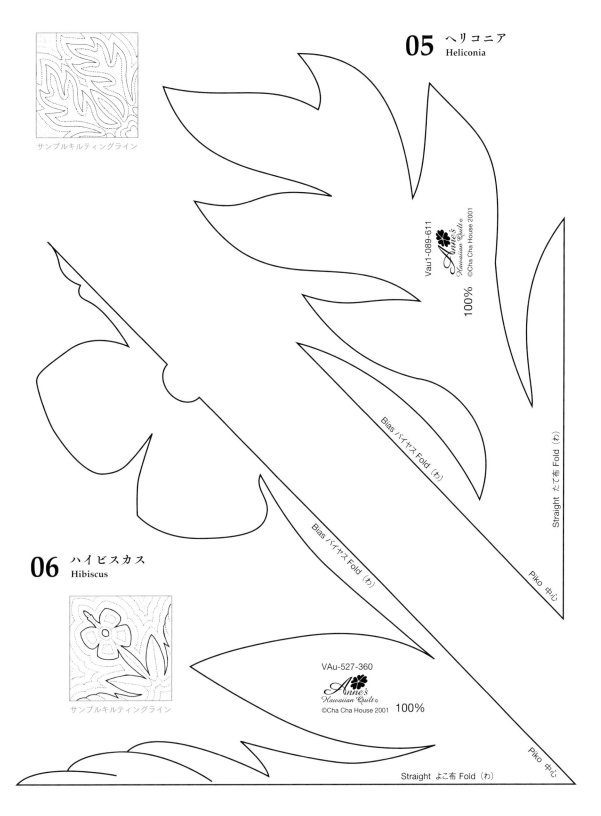

サンプルキルティングライン

05 ヘリコニア
Heliconia

Vau1-089-611

Anne's
Hawaiian Quilt©
©Cha Cha House 2001

100%

Bias バイヤス Fold（わ）

Straight たて布 Fold（わ）

Piko 中心

Bias バイヤス Fold（わ）

06 ハイビスカス
Hibiscus

サンプルキルティングライン

VAu-527-360

Anne's
Hawaiian Quilt©
©Cha Cha House 2001 100%

Piko 中心

Straight よこ布 Fold（わ）

06

型紙
→P.101

ハイビスカス
Hibiscus

ハワイ語：アロアロ／Alo Alo（ハワイアン・ハイビスカスのみ）
固有種／外来種
原産地：アジア・太平洋諸島など

ワイキキなどハワイの至る所で見ることができる、一般的にハイビスカスと呼ばれているのはハワイアン・ハイビスカスの外来種（1）。ハイビスカスの園芸品種は、カメハメハ一世の時代から作られはじめ、現在は約500種類あるといわれています。外来種のハイビスカスには香りがほとんどありません。そのためレイにはあまり使われず、耳の上につける髪飾りとなります。花の直径は15cmほどです。ハワイ固有種のハイビスカスもあり、名前を「コキオ・ケオ・ケオ」（Kokio Keo Keo）といいます（2）。こちらは街中にはなく、山の方でし

か見ることができません。花の大きさは5〜7cmくらいで、園芸用のハイビスカスと違い、5〜10mくらいの木になります。細めの白い花びらに赤の花柱が印象的で、とても甘い香りがします。ハワイがまだハワイ州になる前の1923年に、政府によってハワイ州の花と指定された固有種が「コキオ・ウラ」という、花の大きさが4〜5cmくらいの赤い小さなハイビスカスでした（3）。しかし、どこでも見られる花ではなかったため、州の花は1988年に「マウ・ハウ・ヘレ」という黄色いハイビスカスになりました。

07

型紙
→P.104

イリマ
Ilima

ハワイ語：イリマ／Ilima
固有種／Indigenous

イリマはハワイ固有種の植物で、海岸や岩地などに生息している低木です。直径3cmほどの小さい花は、オアフ島の島花に指定されています。レイに使用されるイリマの花の色は、黄色、ゴールド、オレンジイエロー、赤みを帯びた黄色などで、花びらは5枚。王族の高貴な色が赤と黄色だったこともあり、黄色やゴールドは王族のレイとしても珍重されました。1重のレイを1本作るのに1000枚以上の花びらが使われたといいます。イリマはフラの女神ラカの化身だったともいわれ、ダンサーはイリマのレイをかけてラカに捧げるためにフラを踊ります。

08

型紙
→P.104

カウナオア
Kauna'oa

ハワイ語：カウナオア／Kauna'oa
カウアイ島とカホオラヴェ島を除くハワイ諸島の固有種／Endemic

ラナイ島の花に指定されているとても小さい花で、なかなか見つけられない貴重な植物です。寄生植物の一種で、他の植物に寄生し栄養分を取って成長します。海岸近くの岩の上などの低い位置で黄色やオレンジ色の茎を伸ばすのが特徴です。成長する段階で根をはやしますが、ある程度成長すると、根をはやさずに生育していきます。葉はなく、黄色またはオレンジ色の茎と、3〜5mmの5枚の花びらを持つ小さな花で構成されています。茎と花は昔からレイの材料としても使われていました。また昔のハワイアンの本の中では「カウナオアは根無し草＝母親のいない植物」と語られ、家族のいない人を表すことわざにもなっています。また、風邪や産後の女性の薬として使われました。

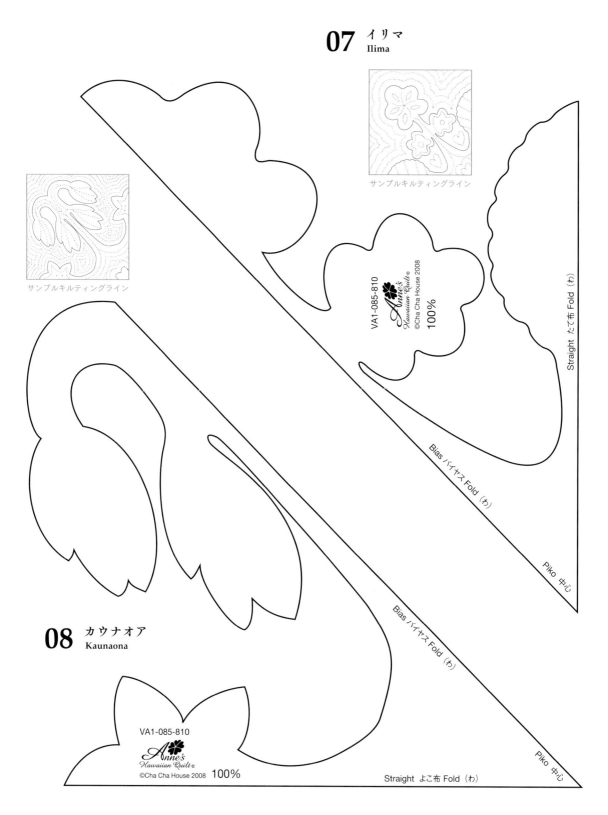

07 イリマ
Ilima

サンプルキルティングライン

サンプルキルティングライン

VA1-085-810
Anne's
Hawaiian Quilt©
©Cha Cha House 2008
100%

Straight たて布 Fold（わ）

Bias バイヤス Fold（わ）

Piko 中心

Bias バイヤス Fold（わ）

08 カウナオア
Kaunaona

VA1-085-810
Anne's
Hawaiian Quilt©
©Cha Cha House 2008
100%

Straight よこ布 Fold（わ）

Piko 中心

09

型紙
→P.106

ククイ・フラワー
Kukui Flower

ハワイ語：ククイ／Kukui
外来種／伝統植物
原産地：東南アジア、太平洋諸島（ハワイ諸島を除く）

ククイはハワイ州の木であり、ククイ・フラワーはモロカイ島の花に指定されています。ポリネシア人によってハワイに持ち込まれた伝統植物で、実の部分に油分を50％含んでいるため、キャンドルとして使われたり、花、葉、幹、枝、根のあらゆる部分が暮らしに役立ったことから、ハワイでは生活に重要な植物として認定されました。5mmほどの花びらを持つ小さな花は集合体になっており、メイプルに似た葉は繊毛があり明るく光ります。また、直径5cmほどの緑の実の中には黒い（または茶や白）種があり、磨いたものがレイに使われます。

（1）1本のククイの木には年間約35kgの実がなります。（2）緑の実の中に黒い仁がありよく燃えます（3）。カヌー、薬、魚釣りのエサや浮き、タトゥーの染料、レイ、カパ、虫除けなどに使われました。

09 ククイ・フラワー
Kukui Flower

サンプルキルティングライン

VA1-089-611
Anne's
Hawaiian Quilt©
©Cha Cha House 2008
100%

Straight たて布 Fold（わ）

Bias バイヤス Fold（わ）

Piko 中心

Bias バイヤス Fold（わ）

Anne's
Hawaiian Quilt©
100% ©Cha Cha House 2013

Piko 中心

Straight よこ布 Fold（わ）

10 ラウアエ
Lauae

サンプルキルティングライン

10 ラウアエ
Lauae

型紙
→P.106

ハワイ語：ラウアエ／Lauae
外来種　原産地：アフリカ、東南アジア

ラウアエがハワイで最初に発見された場所は、1922年のオアフ島とマウイ島でした。ハワイの固有種ではないため、誰かによって持ち込まれたものと考えられています。葉の長さは50cmほどで、マイレに似たバニラのような香りを放ちます。現在は、野生で生育しているのもあれば栽培されているのもあり、レイの素材によく用いられます。若い葉に胞子はありませんが、古くなると葉に胞子がたくさんつき、それによって皮膚に炎症を起こすことがあるので古い葉はレイには使いません。フラに使われるシダやほかの植物は、後世に残すために根こそぎとらないのが鉄則。ハワイアンキルトでは胞子の部分がラウアエの特徴なので、フレンチナッツを使って表現します。

11 ロケラニ・ローズ
Lokelani Rose

型紙
→P.108

ハワイ語：ロケ・ラニ／Loke Lani
外来種　原産地：アジアまたはイギリス

「天国のバラ」という意味を持つ濃いピンク色のロケラニ・ローズは、マウイ島の花に指定されています。香りがとてもよい八重のバラで、英名ではダマスク・ローズと呼ばれています。ハワイに持ち込まれたときには、マウイ島のラハイナのガーデンで多く栽培されていたため、「マウイ・ローズ」と呼ばれていました（ラハイナは1820〜1845年までハワイ王国の首都でしたが、後にホノルルに変わりました）。八重の花びらは多くなると50枚になるものもあります。

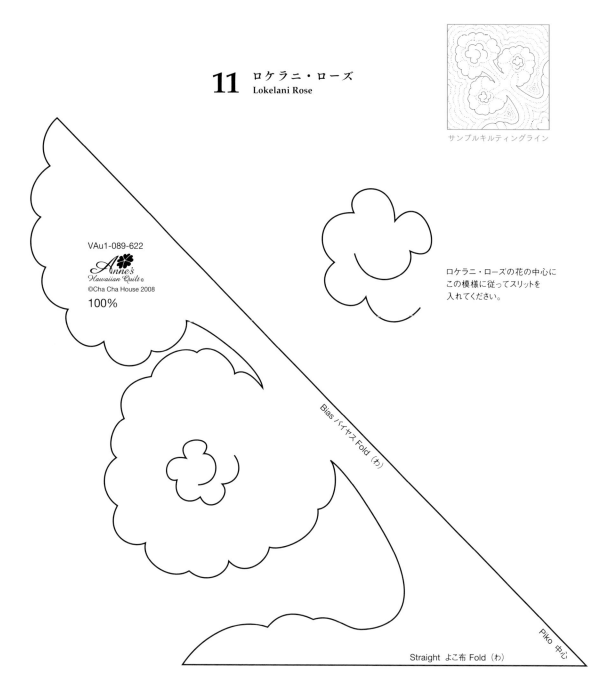

11 ロケラニ・ローズ
Lokelani Rose

VAu1-089-622

Anne's
Hawaiian Quilt©
©Cha Cha House 2008

100%

ロケラニ・ローズの花の中心に
この模様に従ってスリットを
入れてください。

Bias バイヤス Fold（わ）

Piko 中心

Straight よこ布 Fold（わ）

サンプルキルティングライン

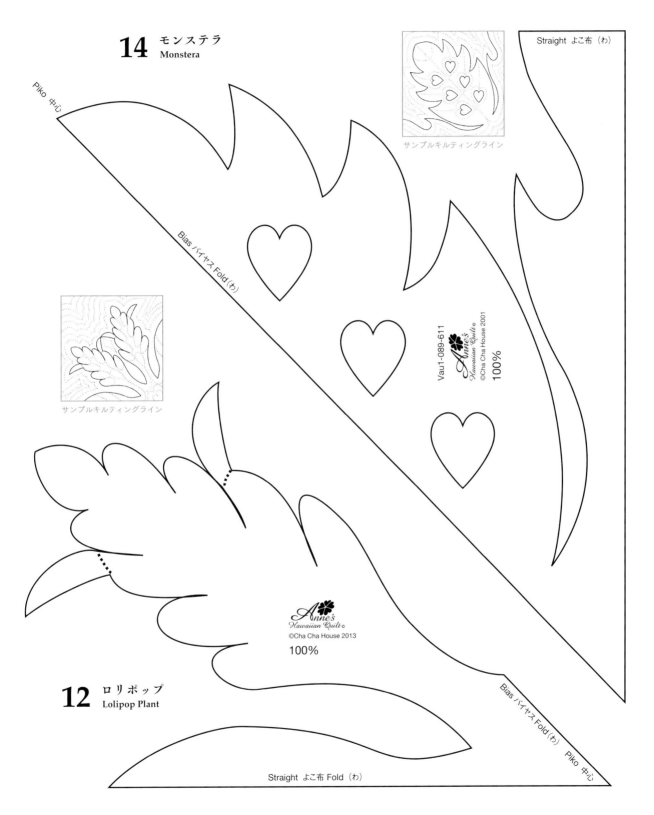

14 モンステラ
Monstera

Piko 中心

Bias バイヤス Fold（わ）

Straight よこ布（わ）

サンプルキルティングライン

サンプルキルティングライン

Vau1-089-611

Anne's
Hawaiian Quilt®
©Cha Cha House 2001
100%

Anne's
Hawaiian Quilt®
©Cha Cha House 2013
100%

12 ロリポップ
Lolipop Plant

Bias バイヤス Fold（わ） Piko 中心

Straight よこ布 Fold（わ）

12 ロリポップ・プラント
Lolipop Plant

型紙
→P.109

ハワイ語：なし
外来種　原産地：メキシコ

木の高さは1〜1.5mくらいで、花の長さは10cmほど。黄色い部分が苞で、その中から白い花がたくさん咲きます。1970年代にハワイに持ち込まれた植物で、オアフ島では植物園で見ることができます。英名ではパキスタキス・ルテアといい、別名ゴールデン・キャンドル、ロリポップス、ゴールデン・シュリンプ・プラントとも呼ばれ、日本ではウコンサンゴと呼ばれています。ハワイアンキルトでは、黄色の苞の部分に小さい白い花も足してみました。2色無地の伝統的な色に1色加えるだけで、本物の植物に近くなります。

13 マオ・ハウ・ヘレ
Mao Hau Hele

型紙
→P.161参照

ハワイ語：マオ・ハウ・ヘレ／Mao Hau Hele
ニイハウ島とカホオラヴェ島を除くハワイ諸島の固有種／Endemic

1988年に指定されたハワイの州花で、学名をハイビスカス・ブラッケンリッジーといいます。木の高さは60〜120cm、花はやや小ぶりで10cm程度、花柱と基の部分を除いてすべてが黄色いハイビスカスです。常夏の気候だと思われがちのハワイですが、季節がありこの花が見られるのは夏にあたる4月くらいから10月の乾期、開花時間は午後の数時間だけです。1988年に赤いハイビスカス「コキオ・ウラ」にかわりハワイ州の花になりましたが、非常に希少でその数は減少しています。

14

型紙
→P.109

モンステラ
Monstera

ハワイ語：なし
外来種　原産地：メキシコ、中南米

葉の中にたくさんのプカ（穴）がある日本でも人気がある植物です。私たちが普段目にしているのは、モンステラの仲間のモンステラ・デリシオサという種類で、葉に丸や楕円の穴が開いており、南国の植物の象徴としてグラフィックやプリント生地に使われています。この穴がチーズの穴に似ていることから、英名ではスイス・チーズ・プラントとも呼ばれます。モンステラは、19世紀から20世紀に観葉植物としてハワイに持ち込まれました。すべてのモンステラではありませんが細長い実をつけます。熟すまでに12〜14カ月かかりますが、熟した実はそのまま食べられ、バナナとパイナップルが混ざったような味がします。ただし、充分に熟す前に食べると喉の炎症などを引き起こすことがあるので、注意してください。

（1）花はカラリリーの特大サイズ。
（2）プカ（穴）が特徴。

15

型紙
→P.114

ナウパカ

Naupaka

【海ナウパカ】ハワイ語：ナウパカ・カハカイ／Naupaka Kahakai
固有種/Indigenous
【山ナウパカ】ハワイ語：ナウパカ・クアヒヴィ／Naupaka Kuahiwi
固有種/Endemic

ナウパカは一年中咲き、その後実をつけます。海辺近くに咲いていて、半分に切れているような花の形が特徴的です。海ナウパカは木の高さが1～3mくらいで海辺で見つけることができます。花の大きさは2cmほどで、白色の花びらに紫の線が入っています。虫さされなどにつけると効き目があるといわれる白い楕円形の実をつけます。5～20cmほどの葉は、海の近くに生息しているため肉厚です。山ナウパカの花は、形は同じですが1.2～2cm程度と小さめで、花びらの先端が少し切れたような形をしています。実は黒く、木の高さは1.2～1.8mくらいで海ナウパカよりも少し小さく、葉の大きさは14cmほど。ナウパカにはいくつか

の伝説があり、その中の一つにハワイ島の女神ペレが登場します。ペレは恋人のいる男性に恋をしてしまいますが、その男性を心変わりさせることができません。腹を立てたペレは怒り狂い、男性を自分のキラウエア火山に落として殺してしまいます。それを見たほかの神たちが男性を哀れみ、植物に変えて命を助けたのですが、ペレはこの植物を海の方へ追いやりました。これが花が半分に切れた形の海のナウパカです。怒りのおさまらないペレは女性も殺そうとしましたが、同じようにほかの神たちが女性を山のナウパカに変え、海のナウパカと同様に花の形が半分のままに生きることになったといいます。

16

型紙
→P.114

ナイト・ブルーミング・セレウス
Night Blooming Cereus

ハワイ語：プナ・ホウ／Puna Hou
外来種　原産地：メキシコ

　1年に一度咲く大きなサボテンの花で、日本では月下美人の名で親しまれているものと同品種です。夕方から夜にかけて一斉に咲き、次の日にはしおれてしまうという短命な花です。1830年代にメキシコから航海してきたイヴァノエ船により持ち込まれたといわれています。そのとき、船にはいろいろな植物が積み込まれていましたが、ホノルルに到着したときにはほとんどが枯れていて捨てられてしまったそうです。しかし、当時ファースト・オフィサーだったチャールズ・ブリューワーが、まだ枯れ果ててないナイト・ブルーミング・セレウスを見つけてハワイの地に植えたといわれており、その植物が今でも毎年花を咲かせています。ハワイアンネームはプナ・ホウといい、プナホウ・スクールに生えているのでこのような名前になったそうです。葉は平らで細長く昆布のようで、ギザギザしたサボテン科特有の形をしています。花は毎年6〜10月くらいの間に満開になります。上から見た花の大きさは直径が約15cm、横から見ると20cm 以上あるものもあり、クリーム色をしています。花には甘い香りがあり、たくさんの蟻が蜜を吸っています。実は楕円形で赤く、少し刺のようなものがある表皮をしています。毎年プナホウ・スクールやパンチボウルのつぼみを見ると、いつ咲くのかが話題になります。

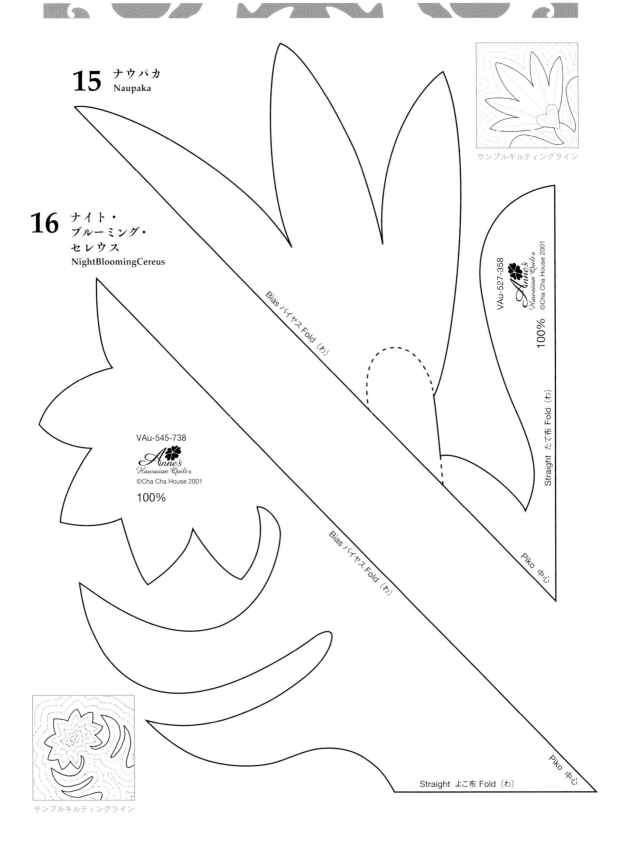

15 ナウパカ
Naupaka

16 ナイト・
ブルーミング・
セレウス
NightBloomingCereus

サンプルキルティングライン

VAu-527-358

Anne's
Hawaiian Quilt®
©Cha Cha House 2001

100%

VAu-545-738

Anne's
Hawaiian Quilt®
©Cha Cha House 2001

100%

Bias バイヤス Fold（わ）

Bias バイヤス Fold（わ）

Straight たて布 Fold（わ）

Piko 中心

Piko 中心

Straight よこ布 Fold（わ）

サンプルキルティングライン

17

型紙
→P.116

オヒア・レフア
Ohia Lehua

ハワイ語：オヒア・レフア／Ohia Lehua
ニイハウ島とカホオラヴェ島を除くハワイ諸島の固有種
／Endemic

オヒア・レフアは１つの植物ですが、オヒアは木、レフアは花と、木と花にそれぞれ名前がついています。この植物にはたくさんの伝説があります。ある説では、火の女神ペレが恋に落ちた若い男女に嫉妬し、若い男を醜い木（オヒア）に変えてしまいます。それを見た別の神（ペレの弟といわれている）が不憫に思い、若い女を赤い花（レフア）に変えてオヒアにつけてあげたのだとか。赤いレフアの花を摘むと、離ればなれになる二人を悲しむように雨が降るといわれています。レフアは針のような花びらが特徴的で、ハワイ島の花に指定されており、シンボル的な存在になっています。オヒアの高さは20〜30cmのものから30mを超す

ものまでさまざま。レフアの色は赤が多いのですが、黄色、白、オレンジ、クリーム色、サーモン色もあり、花と葉はレイにも使われます。また、フラでは、ハワイ島のキラウエアの火の女神ペレの化身「キノラウ」として敬われています。毎年春にハワイ島のヒロで開催されるフラの祭典「メリー・モナーク」の前になると、ダンサーは必ずキラウエア火山の女神ペレに敬意を表して祈りを捧げに行きます。フラの世界ではとても大切な行事ですが、このときに神聖な植物としてレフアが使われます。オヒアは過酷な条件の土地や環境でも生命力を発揮します。溶岩が流れた後の土地でも、はじめにコケ類が生え、シダ類が生えると、次にオヒアも根をつけて育ちます。また、レフアには蜜がたくさんあり、イイヴィ、アパパネなどのハワイミツスイ（鳥）などと共存しています。

17 オヒア・レフア
Ohia Lehua

サンプルキルティングライン

Vau1-089-611

©Cha Cha House 2005

100%

VAu1-089-611

Anne's
Hawaiian Quilt©

©Cha Cha House 2012

100%

Straight たて布 Fold（た）

Bias バイヤス Fold（わ）

Piko 中心

Bias バイヤス Fold（わ）

サンプルキルティングライン

18 オーキッド（ラン）
Orchid

Piko 中心

Straight よこ布 Fold（わ）

18

型紙
→P.116

オーキッド（ラン）
Orchid

ハワイ語：なし
外来種（多種）
原産地：インド、東南アジア、中国、フィリピンなど

ラン科は植物界では2番目に種類が多く、700属で20,000種のランが存在します。 ヒルブランド博士は1854年に多数のランがハワイに持ち込まれたと記しており、今のハワイでは、プロの園芸家のほか、アマチュアでもランの栽培をしている人は多く、園芸店やファーマーズ・マーケットでは多種のランが販売されています。ハワイで最も栽培されているのは、デンドロビウムやエピデンドラムという庭や山に咲いている種類で、デンドロビウムはレイにもよく使われています。バンブー・オーキッドという種類はハワイ語の名前でOkika（オキカ）といいますが、ハワイで栽培されていたものが野生化しているため、ハワイ諸島ではよく見かけます。色は白やピンクで、濃い紫の唇弁があり、キラウエア火山のトレイルでも見ることができます。

19

型紙
→P.120

パラパライ
Palapalai

ハワイ語：パラパライ／Palapalai
固有種/Indigenous

英名ではレース・ファーンと呼ばれており、レース編みのように薄く細かいディティールの葉を持っています。葉の長さは60cm〜1mほどになり、日陰や湿度を好みます。葉の色は黄緑より少し深めの明るいグリーンで、茎の部分には繊毛がびっしり生えています。フラの世界では火の女神ペレの妹ヒイアカに捧げるために使われ、フラのときにもレフアの花とともにレイやハクレイなどに使われます。細かいレースのような葉をハワイアンキルトにモチーフにするのは一苦労で、とりわけアップリケする作業がとても大変です。

葉は細かいレース状。先が三角にとがっているのも特徴。

20

型紙
→P.120

パパイヤ

Papaya

ハワイ語：ヘイ／He'i
外来種
原産地：メキシコ（19世紀にマルケサス諸島から持ち込まれた）

ハワイに持ち込まれたのは1864～1865年といわれ、1880年代に広範囲に広がったことで、パイナップルに続くハワイを代表するフルーツになりました。パパイヤの木はかなり高く成長しますが、栽培するには3mくらいの高さに押さえて育てます。花は香り高く、クリームやピンク色をしています。大きな実は数キロにも成長するといわれま

す。中に黒い小さい種がたくさん入っており、実の色が山吹色になると完熟していて柔らかくなり、甘く、特有の香りがあります。また、品種改良したルビー色のものもあり、美しい色が人気です。まだ熟していない青い実を収穫したものはグリーン・パパイヤと呼ばれ、瓜のような歯触りで野菜として食べられます。

（左）パパイヤの木は、1本にたくさんの実をつけます。（上）実を採るのが大変なほど、木は高くなります。（下）花はジャスミンの香りがします。

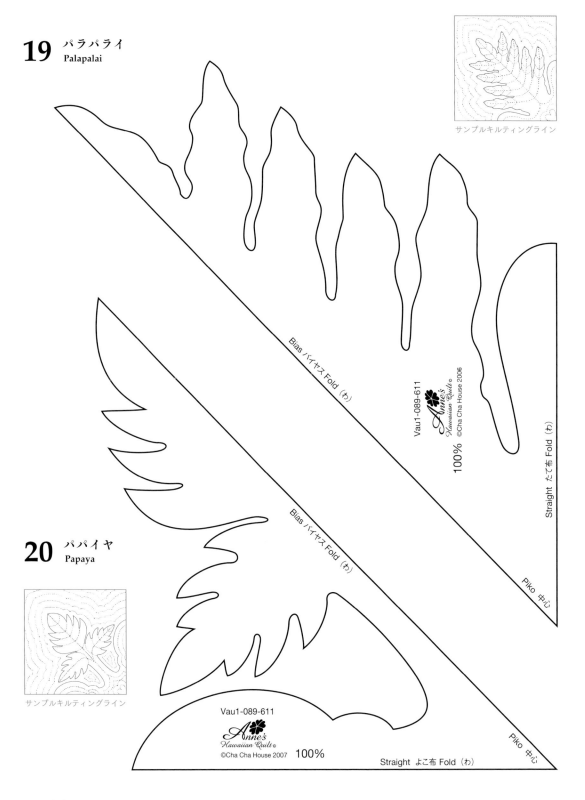

19 パラパライ
Palapalai

サンプルキルティングライン

Bias バイヤス Fold (わ)

Bias バイヤス Fold (わ)

Vau1-089-611

Anne's
Hawaiian Quilt ®
©Cha Cha House 2006

100%

Straight たて布 Fold (わ)

Piko 中心

20 パパイヤ
Papaya

サンプルキルティングライン

Vau1-089-611

Anne's
Hawaiian Quilt ®
©Cha Cha House 2007

100%

Straight よこ布 Fold (わ)

Piko 中心

サンプルキルティングライン

サンプルキルティングライン

21 パーウー・オ・ヒイアカ
Pau O Hi'iaka

100%

VAu1-089-611

Anne's
Hawaiian Quilt®
©Cha Cha House 2011

Anne's
Hawaiian Quilt®
©Cha Cha House 2011

Straight たて布 Fold（わ）

Bias バイヤス Fold（わ）

Piko 中心

Bias バイヤス Fold（わ）

Piko 中心

22 パイナップル
Pineapple

VAu1-089-611

Anne's
Hawaiian Quilt®

100% ©Cha Cha House 2007

Straight よこ布 Fold（わ）

＊ P217のレッスンバッグのパイナップルのパターンと同じなので、写真とは別のパイナップルのパターンを記載しています。

21

型紙
→P.121

パーウー・オ・ヒイアカ
Pa'u O Hi'iaka

ハワイ語：パーウー・オ・ヒイアカ／Pa'u O Hi'iaka
固有種/Indigenous

海岸線に育つつる性植物。10mほどの長さになり、花はベル（つり鐘）のような形で大きさは1〜2cm弱。葉の大きさは4〜6cmですが、海岸の植物によく見られるように厚みがあり、少し内側に反った形をしています。花の色は白や薄い青紫色。パーウー・オ・ヒイアカとはヒイアカのスカートという意味があり、火の女神ペレが朝の魚釣りから戻ると、強い太陽の日差しから妹のヒイアカを守るようにこの植物が覆っていたことから、ヒイアカのスカートというハワイ名がついたといわれています。

22

型紙
→P.121

パイナップル
Pineapple

ハワイ語：ハラ・カヒキ／Hala Kahiki
外来種　原産地：ブラジル

ブラジルが原産国のパイナップルがハワイに入ってきたのは、1778年にキャプテン・クックが上陸してから約35年後のこと。その後、刺のないカイエンという品種に改良され、ほぼハワイでのみ作られるようになりました。19世紀はオアフ島、マウイ島のみでの栽培でしたが、20世紀になると全島での栽培が行われ、ハワイの一大産業に発展します。幹の高さは1〜1.5mほどで、薄紫色の花は3〜5cmくらいのチューブ状、黄色い実は甘く、世界中で愛されているフルーツです。1892年に缶詰作りがはじまり、1900年にはワヒアワのパイナップル畑ができ、缶詰作りをさらに成長させてきましたが、現在生産地はアジアが主体となっています。一説にはパイナップルは、ハワイのホスピタリティのシンボルだったという話もあります。

23

型紙
→P.124

プルメリア
Plumeria

ハワイ語：プア・メリア／Pua Melia
外来種
原産地：西インド諸島、キューバなど

ハイビスカスと並ぶハワイの代表的な花で、甘い香りがローカルにも旅行者にも人気があります。現在のプルメリアの種類は大きく2つに分けられます。プルメリア・オブツサ種（1）は、1931年にハロルド・L・ライアン博士によってハワイに持ち込まれました。第1号のプルメリアの木は、今もフォスター植物園のオーキッド・グリーンハウスの上の方にあります。花の色は白が一般的で、大きさは6cm程度。甘い芳香が特徴です。木の高さは4〜8mで、葉の先端は丸くなっています。もう1種類は、1860年にヒルブランド博士がハワイに持ち込んだプルメリア・ルブラ種（2、3）です。こちらも当時の木がフォスター植物園にあり

ます。ルブラ種の木は少し小ぶりで、花は赤、ピンク、濃いピンク、白、黄色など多色で、細長い花びらと先端の尖っている葉がプルメリア・オブツサ種と違うところです。プルメリアはテンプル・ツリーとも呼ばれ、インドの寺院などでは葬儀用の花として使われていました。そのため、パンチボウルの丘（国立太平洋記念墓地）にはたくさんのプルメリアが植えられています。当時はお葬式のイメージがあったため、1940年くらいまでは旅行者用などのレイには使うことはありませんでしたが、今ではほとんどのレイでプルメリアが使われています。

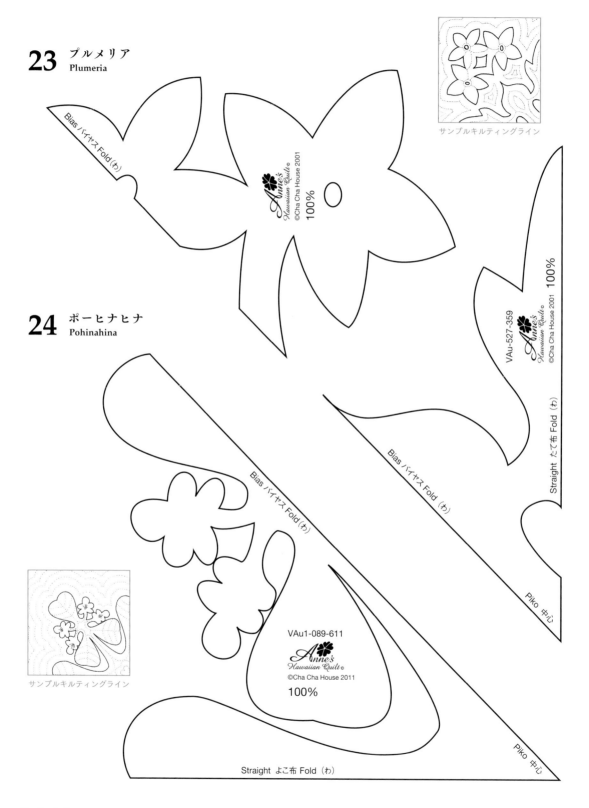

23 プルメリア
Plumeria

サンプルキルティングライン

Bias バイヤス Fold (わ)

Anne's
Hawaiian Quilt©
©Cha Cha House 2001
100%

VAu-527-359

Anne's
Hawaiian Quilt©
©Cha Cha House 2001
100%

Straight たて布 Fold (わ)

24 ポーヒナヒナ
Pohinahina

Bias バイヤス Fold (わ)

Bias バイヤス Fold (わ)

Piko 中心

サンプルキルティングライン

VAu1-089-611

Anne's
Hawaiian Quilt©
©Cha Cha House 2011
100%

Straight よこ布 Fold (わ)

Piko 中心

24

型紙
→P.124

ポーヒナヒナ
Pohinahina

ハワイ語：ポーヒナヒナ／ Pohinahina
固有種/Indigenous

カホオラヴェ島以外のハワイ諸島の海岸線に育つつる性植
物で、固有種です。1cmほどの小さな紫色の花は香料に使
われます。また、花だけではなく植物全体からセージやロ
ーズマリーのようなハーブの香りがします。とても小さい
ので見逃しやすい植物ですが、海岸線の低いところで見つ
けることができます。丸い葉も特徴的で、ハワイアンキル
トのモチーフにするにはおもしろい植物です。黒く小さい
丸い実の部分はかつて、頭痛、風邪、目薬、ぜんそく、気
管支炎、消化不良や下痢の薬として用いられていました。

香りのある花と葉はレイの素材としても使われます。

25

型紙
→P.127

プロテア
King Protea

ハワイ語：なし
外来種　原産地：アフリカ

プロテアはハワイのフラワーアレンジメントには欠かせない花です。原産はアフリカのケープタウンあたり。暑い日中と夜の気温の寒暖の差があるマウイ島のクラが環境に適していたため、その地でプロテアの栽培が行われています。一輪が大きいことから花の王様、キング・プロテアと呼ばれていますが、実は大きな一輪の花ではなく、花がたくさん集まったもので、ピンクの花びらのように見えるものは苞です。切り花でも長く持ち、ドライフラワーにしてアレンジメントができるのも特徴。細い苞の部分をキルトのモチーフにするのは難しいですが、より本物に近づけるためにデザインを考えました。

26

型紙
→P.127

プア・ケニ・ケニ
Pua Keni Keni

ハワイ語：プア・ケニ・ケニ／Pua Keni Keni
外来種　原産地：南太平洋の島々

筒状の花の長さは6〜7cmで、英語でフレグランス・フラワーと呼ばれるようにかなり強い甘い香りがし、レイにもよく使われます。花は、咲きはじめはクリーム色ですが、夕方になるとオレンジ色に変化。また、2.5cmほどのオレンジ色の実は鳥の大好物です。タヒチの伝説によると、プア・ケニ・ケニは森の神タネが天国からこの世に初めて持ち込んだ木といわれているそう。プア・ケニ・ケニとは、プアはハワイ語で花、ケニ・ケニは10セントという意味で、昔は花が1つ10セントもした高価な花だったのでこの名前がついています。

26 プア・ケニ・ケニ
Pua Keni Keni

サンプルキルティングライン

サンプルキルティングライン

Straight たて布 Fold （わ）

VA1-804-365

Anne's
Hawaiian Quilt©
©Cha Cha House 2001

100%

Bias バイヤス Fold （わ）

Bias バイヤス Fold （わ）

VAu1-089-611

©Cha Cha House 2011

Anne's
Hawaiian Quilt©

100%

Piko 中心

25 プロテア
King Protea

Piko 中心

Straight よこ布 Fold （わ）

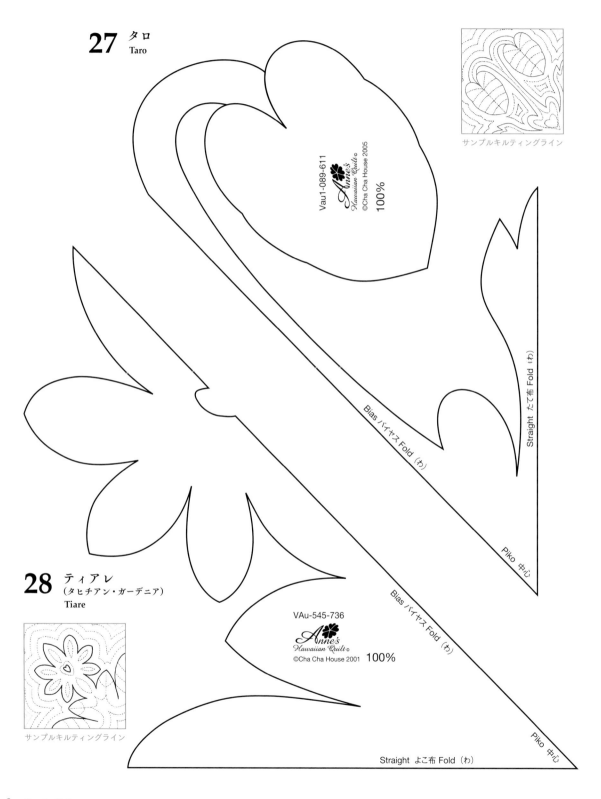

27 タロ
Taro

Vau1-089-611
Anne's
Hawaiian Quilt◦
©Cha Cha House 2005
100%

サンプルキルティングライン

Bias バイヤス Fold（わ）

Straight たて布 Fold（わ）

Piko 中心

28 ティアレ
（タヒチアン・ガーデニア）
Tiare

サンプルキルティングライン

VAu-545-736
Anne's
Hawaiian Quilt◦
©Cha Cha House 2001 100%

Bias バイヤス Fold（わ）

Piko 中心

Straight よこ布 Fold（わ）

27

型紙
→P.128

タロ
Taro

ハワイ語：カロ／Kalo
外来種／伝統植物

タロはポリネシアの国々で昔から主食とされていたイモ（タロイモ）ですが、ハワイでもタロイモの品種が300種類あったという記録があるなど大切な主食でした。タロイモは蒸したり焼いたりしても食べられますが、ハワイでは昔から蒸してつぶしペースト状にした「ポイ」が食べられていました。栄養価が非常に高く、離乳食としても使われます。またタロイモの葉を「Lu'au」、タロイモの根茎を「O'ha」と呼び、その「O'ha」は家族「Ohana」の語源になっています。ハワイではタロイモを人間の祖先とする説や、食べるとマナ（霊的な力）に満たされるといういい伝えがあるなど暮らしとも密接な繋がりがあることがわかります。

28

型紙
→P.128

ティアレ（タヒチアン・ガーデニア）
Tiare

ハワイ語：なし
外来種　原産地：ソサエティ諸島

ハワイの家の生け垣や庭、ワイキキでもビーチ沿いなどでよく見かける花です。もともとはソサエティアイランド群島からの外来種で、8cmくらいの花は細長い5〜9枚の光沢のない白い花びらで構成されており、とてもよい香りがします。タヒチやポリネシアの島々にもティアレは多く、香りのよさからレイやハクレイなどに使われています。ハワイでは耳の上に花を一輪つけて髪飾りにします。レイも作られていますが売り物ではなく、各家庭で作ります。木のヒルブランド博士は1854年に多数が1.8〜6mほどなので、花を間近で見ることができます。

29

型紙
→P.131

ティリーフ
Ti Leaf

ハワイ語：キィ／Ki
外来種／伝統植物

ハワイ名はキィ、英名ではティまたはグッドラックプラントと呼ばれるティリーフ。グッドラック（幸運）を運び、魔除けや浄化の効果があるといわれています。高さは約3〜4m。栽培されていたり、野生で大きくなったりと、至る所で見られます。昔からハワイではイムという焼いた石を使って食べ物を蒸し焼きにするときに食べ物を包んだり器として使っていました。また、レイの材料やフラのスカート、藁葺き屋根のひも、笛、家の生け垣、サンダルやレインコートなどにも使用されてきました。さらには、フキラウという魚釣りの漁網にも使われていたといわれており、ハワイアンの生活には欠かせない植物として知られています。

30

型紙
→P.131

ホワイト・ジンジャー
White Ginger

ハワイ語：アワプヒ・ケオ・ケオ／Awapuhi Ke'o Ke'o
外来種　原産地：インドやマレーシア

1871年に中国からの移民によってハワイに持ち込まれました。澄み切った甘い香りで、レイや香水に使われます。レイでは花のつぼみをいくつも繋げて香りを楽しみます。英名ではジンジャー・リリーやホワイト・バタフライ・ジンジャーと呼ばれており、ほかにイエロージンジャーやカヒリジンジャーというものもありますが、微妙に香りが違います。ジンジャーという名前ですが、食用ではありません。場所をあまり選ばず野生化しやすい植物なので、固有種を駄目にする可能性がある有害植物でもあります。ハワイではどんな場所でも野生化していますが、土産店でいわゆるショウガの形をした根を買い、日本でも栽培できます。

29 ティリーフ
Ti Leaf

サンプルキルティングライン

Anne's
Hawaiian Quilt©
©Cha Cha House 2012
100%

Straight たて布 Fold（わ）

Bias バイヤス Fold（わ）

Bias バイヤス Fold（わ）

Piko 中心

VAu1-089-611

Anne's
Hawaiian Quilt©
©Cha Cha House 2007
100%

サンプルキルティングライン

Piko 中心

Straight よこ布 Fold（わ）

30 ホワイト・ジンジャー
White Ginger

ハワイアンキルトのモチーフになる植物に数多く出合える
ハワイの植物園

伝統的なハワイアンキルトのモチーフである植物を知るには、
ハワイの植物園を散策するのがおすすめです。デザインを描くときや、
アップリケのラインやキルティングのステッチを行うときに、
本物の植物をよく観察しておくことで作品に反映させることができます。
ハワイではトレッキングをしなくても、さまざまな植物を
観察できる植物園があります。そこでおすすめの
植物園をいくつか紹介します。

ライアン演習林のインスピレーション・ポイント。

ハワイ固有種のハイビスカス、
コキオ・ケオ・ケオ

✽ ハロルド・L・ライアン植物園

Harold L. Lyon Arboretum

ハロルド・L・ライアン植物園は、マノア渓谷の中にあるためほかの植物園と違い大自然の中をハイキングしている感覚で楽しめます。この植物園の広さは約200エーカー（約0.81㎢）ですが、ワイキキの中心から13kmしか離れていません。約5,000種以上の植物が生息する園内に入るとハワイ固有種が集まっている「ネイティブ・ハワイアン・ガーデン」があり、オアフ島の花イリマ、ハワイ島の花レフア、高級家具として使われるコア、ハワイ固有のハイビスカス、コキオ・ケオ・ケオ、アヒナヒナ、ナヌー、アーキアなどを見ることができます。順路に沿って歩いていくと、ハラ（タコノキ）、ハワイ州の木でモロカイ島の花に指定されているククイ、マウンテンアップル、ティなどがあり、シダのエリアに出ます。シダのエリアにはパラパライ、ハープウ、クプクプ、ウキウキ、モア、ラウアエなどがあります。この一帯ではハウ、イ

リアヒ、プア・ケニケニ、ミロ、ウル（パンノキ）、ノニ、ホーアヴァ、タロなど、ハワイアンキルトやフラなどに必ず登場する植物を見ることができます。それを過ぎるとトレイルに入り、少し勾配が出てきます。シャンプージンジャー、イエロージンジャー、ホワイトジンジャー、シェルジンジャーやティの群生、エンジェルトランペット、アンセリウムなどを通り抜け、ハワイアンセクションまで続きます。

Harold L. Lyon Arboretum
University of Hawaii at Manoa
3860 Manoa Rd. Honolulu HI 96822

タリポット・パームという
ヤシの一種で、スリラン
カとインドが原産です。
とても大きなヤシで花と
実ができるまで約75年か
かり、一度花が咲いて実
をつけると枯れてしまい
ます。ヤシの種類の中で
一番大きな花をつけます。

❀ フォスター・
ボタニカル・ガーデン
Foster Botanical Garden

ホノルルのダウンタウンにある植物園で、
オアフ島にあるボタニカル・ガーデンのひと
つです。ほかにもリリウオカラニ・ボタニカ
ル・ガーデン、ワヒアワ・ボタニカル・ガー
デン、ココ・クレーター・ボタニカル・ガー
デン、ホオマルヒア・ボタニカル・ガーデン
などの植物園があります。フォスター・ボタ
ニカル・ガーデンのはじまりは、カメハメハ
三世のカラマ王妃が、ドイツ人医師であり植
物学者でもあった若きウィリアム・ヒルブラン
ドに植物園の一部を貸した1853年に遡りま
す。ヒルブランド夫妻は、現在ヤシ園になっ
ている場所の手
前にある「奥の
テラス」と呼ば

ロウルはハワイ固有種で唯一のヤシです。フォスター植物園の
ロウルは、ロウレヤーナ種で樹齢100年を超えています。葉は
扇形をし、横幅だけでも60cmあります。

れているところに家を建て、20年間住んでい
ました。その周辺の巨木はその当時に植えら
れたものです。その後、土地はキャプテン・
トーマス＆マリー・フォスターの手に渡りまし
たが、夫妻が亡くなった後は5.5エーカー（約
0.02km²）をホノルル市に遺贈。ハロルド・L・
ライアン博士が初代の園長となり、1931年に
植物園として一般公開されました。その後ライ
アン博士によって1万種もの新しい植物がハ
ワイに輸入され、現在に至ります。見どころ
はココヤシのコレクション、ライアン博士の洋
ラン園、奥のテラス、ハーブ、スパイス、染
料などの有用植物園、先史植物の小庭、ハワ
イの特別保護樹など。植物には名札があり、
種類がわかりやすくなっています。

キャノン・ボール・ツリー
（ホウガンノキ）。ブラジ
ルナッツの仲間で南米ギ
アナが原産です。幹から
花が咲き、エキゾチック
な色と甘い香りが特徴で
す。名前の由来は大きな
砲丸型の果実からきてい
ます。そのため、木の下
には落ちる果実にご注意
と書いてあります。

Foster Botanical Garden
50 North Vineyard Blvd.
Honolulu HI 96817

❋ ワイメア・バレー

Waimea Valley

Waimea Valley
59-864 Kamehameha Hwy
Haleiwa HI. 96712

　オアフ島ノースショアのワイメアにある植
物園で、「ワイメア」はハワイ語で「赤茶色の
水」という意味。古くから土地質もよく、文
化的に大変重要な場所でした。山々が長い歳
月の中で風雨にさらされ深いひだ（尾根）を
刻み、このひだによってできた山から海まで
の三角地帯で分けられた区域は「アフプア・
ア（自治区域として分けたハワイ独自の最小
単位）」と呼ばれていました。各アフプア・ア
にはアリイ（王）がおり、小川を利用したタ
ロ（タロイモ）のロイ（Lo'i＝水田）による自
給自足の生活が営まれ、ハレ・オ・ロノ・ヘ
イアウ（古代ハワイアンが祭事などを行って
いた神殿）、カウハレ・カヒコ（昔のハワイア

ンの住居跡）などが建てられていました。現
在は当時の姿が再現されています。ワイメア・
バレーの広さは1,875エーカー（約7.58㎢）
で、入り口から一番奥に位置するワイメアの
滝までは舗装された道が約１キロ続きます。
ハワイの固有植物の種類が豊富で、ハワイ固
有のハイビスカス、ハワイの民族植物、食用
植物、薬用植物、ジンジャー、ヘリコニアな
どのセクションもあります 。ハワイアン・ハ
イビスカスセクションでは、以前ハワイ州の
花に指定されていたコキオ・ウラ（赤いハイ
ビスカス）、固有種のコキオ・ケオ・ケオ、現
在のハワイ州の花マウ・ハウ・ヘレ（黄色い
ハイビスカス）、アキオハラ（ピンクのハイビ
スカス）などが観察できます。

❀ ココクレーター・ボタニカル・ガーデン
Koko Crater Botanical Garden

　ココクレーターは、オアフ島で最後の火山活動であるコオラウ山脈の噴火があったときに、ホノルル一帯のダイアモンド・ヘッドなどとともに形成されました。1958年に標高約368mのクレーターの内側に約60エーカー（約0.24k㎡）の植物園が作られました。大きな壁に囲まれた地形であるため、その環境に相応しい、暑く乾燥した土地に育つ植物が植えられました。園内にあるハイキング・トレイルは約2マイル（3.2km）の道のりで、ゆっくり歩いても約1時間半で回れます。ガーデンに

入ると、すぐにプルメリアの群生林が目に入ります。このプルメリアの甘い匂いが園内全体に香りますが、実はプルメリアはハワイ固有の植物ではなくキューバなどから輸入した外来種。この植物園はプルメリアの種類が多く、花びらの細いものや厚いものをはじめ色や形、香りなどさまざまです。なかでも、薄い黄色の花びらに濃いピンクのアウトラインが引かれている花は、裏からみても色のラインがくっきりわかり目を惹きます。プルメリアが満開を迎えるのは5〜9月です。

Koko Crater Botanical Garden
400 Kealahou St.
Honolulu HI 96825

上：ブーゲンビリア
左、下：プルメリア

　さらに歩いてブーゲンビリアの群生を通り越すと、ハイブリッドのハイビスカス、サボテンのガーデンがあります。ハワイセクションで出合えるのはハワイ固有種のウィリウィリやハワイ原産ヤシのロウルのセクションなど。そしてマダガスカルセクション、アフリカセクションへと続きます。

リマフリ・ガーデン
Limahuli Garden

　　カウアイ島はガーデン・アイランドと呼ばれており、ハワイ主要諸島の中でも緑が多く最も古い島です。アメリカにはナショナル・トロピカル・ボタニカル・ガーデンが5つあり、そのうちの3つがカウアイ島にあるリマフリ・ガーデン、アラートン・ガーデン、マクブライド・ガーデンです。リマフリ・ガーデンは、マケナという山の麓に位置しています。マケナの山は、映画「サウス・パシフィック」で「バリ・ハイ」と呼ばれ一躍有名になりました。その昔このマケナ山では火祭りを行っていたといわれ、特別なフラの学校の卒業式などに有志がこの切り立った山に登り、日暮れとともにトーチに灯をともして山から火をかざしていたそうです。リマフリ・ガーデン内は約1.2kmのトレッキングコースになっています。この場所は昔、ワイメア・バレーと同様に「アフプア・ア」（昔のハワイ居住区域）という山から海まで川が流れている三角地帯にはコミュニティがありました。その地域でタロの水田を作り、自給自足をしてすべてを賄っていました。現在も残るタロ水田を区切っていた石壁は約700年前のもので、考古学的にも重要な場所です。タロはハワイ

Limahuli Garden
5-8291 Kuhio Hwy.
Haena HI 96714

上：青々した葉が爽やかなタロの水田
左：リマフリ・ガーデンの後ろにそびえ立つマケナの山

語で「カロ」といい、祖先という意味があります。つまりタロは、ハワイアンにとって祖先であり主食なのです。ただし加熱をしないと食べられないので、蒸してつぶしペースト状にした「ポイ」にして食べていました。リマフリ・ガーデンでは、ハイビスカス、ティ、サツマイモ、バナナ、オレナ（ウコン）、ワウケ（カパの材料）、ニウ（ココヤシ）、サトウキビ、ジンジャー、ククイ、カヴァ、プルメリア、マンゴーなど、ハワイ固有種と外来種の両方を見ることができます。ハワイ固有種の植物マーマキはノニと同様に薬用とされ、

抗ウイルス性や抗菌性があるのでハーブティなどで飲まれ、樹皮はカパ作りに使われました。マケナの山の途中に見える岩は「メネフネ」。マケナの火祭りの夜、ノウが助けたメネフネに、最後はノウが助けてもらうという神話があります。この空間に実際に佇んでみると、多くの神話が生まれた土地ということが納得できるでしょう。

リマフリ・ガーデンを上から見たところ。

❀ アラートン・ガーデン

Allerton Garden

真っ白なダイアナ・ファウンテン・ラティス・パビリオン。池に映る姿を見ているギリシャ神話の女神ダイアナの像が手前にあります。ラティス・パビリオンが池にきちんと映るように計算され、建築されています。

アラートン・ガーデンは、カウアイ島南部のポイプ近くにある静寂な庭園で、約100エーカー（約0.4㎢）の広大な敷地を持つナショナル・トロピカル・ボタニカル・ガーデンの1つです。植物園ではなく、テーマにより「部屋」に区切られた庭園が広がっているのが特徴。古代のハワイでは、植物園が位置するラーヴァイ渓谷はアフプア・ア（昔のハワイ居住区域）とされ、ハワイアンが生活をしていました。ラーヴァイ・ストリーム沿いにそびえ立つコヤシは、ガーデンのシンボルです。ハワイが王国になった後は、カメハメハ一世のアドバイザーをしていたジョン・ヤングの息子の

Allerton Garden
4425 Lawai Rd Poipu 96756

土地でしたが、彼の死後、姪のエマ王妃に土地の一部を譲渡しました。エマ王妃は、4歳だったアルバート王子と夫のカメハメハ四世を亡くし、悲しみを癒すためにこのアラートンにあるサマーコテージにしばらく滞在していました。そのときにローズアップル、月桂樹、マンゴー、竹、アダン、そして紫のブーゲンビリアなど世界の植物を植えたといい、今でもその植物がこのガーデンを彩っています。1886年にマクブライド・ファミリーがエマ王妃から土地を購入し、タロや米を栽培し、その後ココヤシ、ショウガ、プルメリア、シ

ダなどを植えました。さらに1938年、シカゴの資産家の子孫、ロバート・アラートンが海に近い部分の土地を追加購入しました。ロバートは、シカゴで建築学を学び、造園業を勉強していましたが、後に養子となったジョン・グレッグと世界旅行でガーデン内の調度品などを集め、カウアイ島のこの土地に戻りました。その後、庭園、噴水、ガゼボなどを造り、南アジアや太平洋の島で手に入れた植物などを植えたといいます。1964年以降は、現在のナショナル・トロピカル・ボタニカル・ガーデンが運営を任されています。

❀ アラートン・ガーデン

（1、3）マーメイド・ファウンテンには段が施され、水の流れがその段に沿って波を作ります。流れ落ちるときにパシャンパシャンという音は人間の鼓動を表現しています。その流れを2人のマーメイドが見守っています。（2）「サンクスギビング」の部屋と呼ばれている木に囲まれた池には二人のエンジェルが遊び、白いガゼボが佇んでいます。（4）アーチのように並んでいる竹は、バンブー・グローブです。（6）映画「ジュラシック・パーク」にも登場した巨木モレトン・ベイ・フィグ・ツリー（和名はオーストラリア・ゴムノキ）。かなりの大きさですが、1940年代に植えられたので樹齢はまだ70年ほど。

（5）アラートン・ガーデンを案内してくれたのは日本人のふみさん。植物に関しての貴重な話もしてくれました。「おそらく訪れる方の多くは、カウアイ島のような小さな島にこんな素敵なアートミュージアムがあったのかと感動をしていただけると思います。安らぎだけではなくワクワクしたりドキドキしたりと、心豊かな時間を過ごせる空間です」とふみさん。

左上から時計回り：カカオ、パンノキ（ウル）、ロブスター・クロウ・ヘリコニア、パパイヤ、レッドジンジャー、アールラ、フォルス・フルーツ・ツリー、トーチ・ジンジャー。多くの植物を見ることができるアラートン・ガーデンは、絶滅危惧種を多く保存し、繁殖させることにも力を入れています。例えばアールラは、カウアイ島とニイハウ島の固有種で、キャベツのような形をした葉が特徴の、絶滅に瀬している植物の一つです。アラートン・ガーデンが属するナショナル・トロピカル・ボタニカル・ガーデンのチームがナパリコーストの切り立った断崖絶壁を登り、そこで見つけたアールラから採取した種から育てたもの。現在はその数もかなり増えています。

Chapter-3

初心者、中級者のための

ハウ・ツー・ハワイアンキルト

ハワイではさまざまなショップで、ハワイアンキルトが売られています。しかし、ハワイアンキルトは自分で作ってこそ、その価値がわかるのです。デザインや色彩、生地を選び、カッティングをして生地を一目一目手で縫ってアップリケをし、それからキルティングをして風合いを出していきます。この行程を踏むからこそ、その美しさと価値がわかるはずなのです。まずは、小さなサイズのものからはじめてください。完成したときの感動が次の作品の意欲に変わるはずです。

ハワイアンキルトの
準備と知っておきたいこと

Patience! Patience! Patience!

　ハワイアンキルトを作るには、特別なテクニックは必要ありません。繰り返しの作業なので一度覚えてしまえば誰にでもできる手芸です。

　はじめてハワイアンキルトを作るなら、フレーム作りからはじめてみましょう。フレームで作りハワイアンキルトの仕組みがわかったら、次は伝統的なハワイアンキルトのデザインが学べるクッションを作ります。クッションはベッドカバーを作るときとほぼ同じ行程の作業が含まれているので、クッションをいくつか作ると、アップリケ地の8枚重ねのカッティングの仕方、正確にレイアウトするコツ、キルティングの上手な方法、ステッチの揃え方などがひと通りマスターできるはずです。

　クッションに慣れてきたら、ウォールハンギング（壁掛け）やベビーキルトなどの90cm角以上の作品に挑戦してみましょう。クッションとの違いはサイズと外側にあるボーダー部分です。ここで上手にパターンをカッティングする方法をしっかり覚えます。この大きさのキルトを数枚完成させたら、いよいよベッドカバーを作ってみましょう。

　ハワイアンキルトは、繰り返しの作業が主ですが、何より忍耐力と強い精神力が必要となり、メンタル面が仕上がりに大きく影響します。ハワイアンが育んできた大切な文化に触れられる手仕事なので、心を込めて作るように心がけましょう。

　アンティたちはいつもこういっています。「Patience! Patience! Patience!」ハワイアンキルト作りは忍耐力が勝負だと。

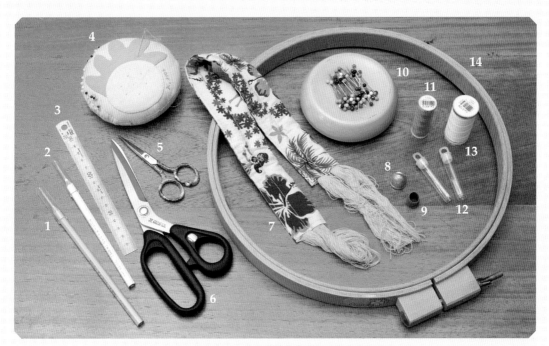

キルトに 必要な道具
- - - - - - - -

1&2. 水溶性のチャコペン：白と他の色の2色を用意します。鉛筆は絶対に使ってはいけません　**3.** 物差し：20cm ほどのソーイングバッグに入る長さが便利　**4.** ピンクッション：しつけ針など針を刺すのに使います　**5.** 糸切りバサミ：生地も切れるような先の尖ったもの　**6.** 裁ちバサミ：8枚重ねの生地をカットできる鋭利な刃で、軽量のものがおすすめ　**7.** しつけ糸：普通の洋裁用　**8.** キルト用のシンブル（中指用指ぬき）　**9.** 糸を引くときに使用するゴム　**10.** マグネット付きのピンクッションとまち針　**11.** アップリケ用のコットン100%の糸　**12.** アップリケ針、キルト針　**13.** キルティング用のコットン100%の糸　**14.** 木製丸型のフープ（キルト枠）：最低直径30cmの大きさは必要

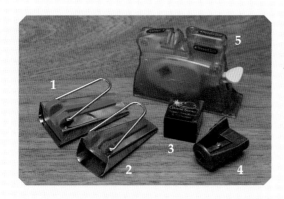

あると便利な道具
- - - - - - - - -

1. 幅2.5cmのバイアステープメーカー：幅2.5cmのバイアステープが簡単に作れます　**2.** 幅1.8cmのバイアステープメーカー：幅1.8cmのバイアステープが作れます　**3.** スレッド・ヘブン：糸の通りをよくするための糸用ワックス（ビーズワックスではありません）　**4.** チャコペン用鉛筆削り：チャコペンの先を尖らせます　**5.** デスクスレッダー（糸通し）：小さな針の穴に糸を通すのは大変。針をセットして糸を上から押すようにするだけで完成。丸穴以外の針は使えます。カッター付き。

しつけ針とキルト針
- - - - - - - - - - - - - -

針は用途により使い分けます。**1.** アップリケ用の長くて細い針。アメリカではシャープ針とストロー針がありますが、シャープ針は8〜11番の通常の太さで長さは3.2cm前後、（日本では四ノ一、四ノ二くらい）、ストロー針は10〜11番の少し細めで長さ3.8〜4cm前後が使いやすい。　**2.** 短く太い針はキルティング用。普通の厚さのキルト芯だとビィトゥィーンの11号（長さ約2.3cm）、少し厚めのキルト芯ではビィトゥィーンの10号（長さ約2.6cm）、またはの9号（長さ約2.9cm）が使いやすい。針は号数の番号が小さくなるほど長く太くなります。この本では紹介していませんが、しつけ針は5cmくらいの長さを使うと便利です。

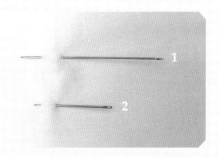

LESSON 1

Let's make your first quilt!
Hibiscus Frame

ハイビスカスの
フレーム

さあ、初めてのハワイアンキルトに挑戦してみましょう。まずは
ハワイの代表的な花、ハイビスカスのモチーフで12cm角のフレー
ムに入るキルトを完成させ、基本的なアップリケと簡単なキルティ
ングをマスターします。小さなフレームですが、ハワイアンキル
トの雰囲気も味わえます。お部屋に飾って楽しみましょう。

知っておくと便利 その1【下準備】 -

1 下地の白布とアップリケの赤い生地はしっかりアイロンをしておきます。

2 布には縦布と横布があります。右手と左手で横に
  引っ張って伸びる方が横布、伸びない方が縦布で
  す。下地とアップリケの布の縦布、横布を揃える
  ことが、歪みがなく美しい作品を完成させる重要
  なポイントです。

3 裁ちバサミや糸切りバサミは、常によく切れるこ
  とが大切です。裁ちバサミは布専用にし、糸を切るときは糸切りバサミ、
  紙を切るときは紙用ハサミを使います。

4 アップリケをトレースする際に使用するチャコペンは、常に芯を尖らせて
  形がくるったり線がずれたりしないようにしておきましょう。

5 アップリケ地を下地にしつけする際に、モチーフの外側ぎりぎりにしつけ
  をするとアップリケをするときに邪魔になるので、モチーフの外側から1cm
  内側にしつけをするとよいでしょう。

6 アップリケをするときの奥縦まつりは、針目の幅を3〜4mm程度が適当で
  す。それ以上大きくすると折り目部分が出てくる心配があります。1mm

くらいの幅になると針目が目立ち、スピードも遅くなります。

7 アップリケ用の糸とキルト用の糸は必ず分けましょう。アップリケ用は柔
  らかい普通の糸なので、アップリケしても糸が目立たず、美しく仕上がり
  ます。キルトをするときは少し張りのあるキルト糸を使うと、キルティン
  グのふんわりとしたディティールがより出てくるので、仕上がりの凹凸が
  きれいになります。

8 落としキルトは、アップリケのモチーフのすぐ外側のきわを縫うのがコツで
  す。落としキルトはモチーフ部分をふっくらと立体的にするためのもので、
  2〜3mm離してキルティングをしても、モチーフは浮き上がりません。

9 本来はすべて手の感覚でキルティングするものなので、飾りキルトやエコー
  イングキルトをするときは下書きはしません。ただ、初心者の場合は、あ
  らかじめ薄くチャコペンでラインを描いたほうがいいでしょう。しかしあ
  まりチャコペンに頼ってばかりだと感覚が身につかないので、いつまでも
  頼らないように気をつけてください。

10 玉結びと玉止めはキルト芯に隠します。こうすると裏返しにしてもきれい
   な仕上がりになります。

12cm角のフレームは、玄関、キッチン、ベッドサイドなどに置くのに
ちょうどよい大きさ。今回はもっとも伝統的なハワイアンキルトのように
下地を白、ハイビスカスのアップリケを赤にしました。小さいフレー
ムのキルトも、大きなベッドカバーのキルトも、最初から最後まで行程
はまったく同じです。クッションサイズくらいの大きさからはキルティ
ングのときにシンブル（ゆびぬき）とフープを使いますが、まずは基本
的なキルティングからはじめてキルトの雰囲気を味わってみましょう。

VA1-085-810

Anne's
Hawaiian Quilt©
©Cha Cha House 2005

100%

サンプルキルティングライン

材料（12cm角）／おおよその制作時間：数時間（あくまでも目安）

下地 … 白コットン100% 15×15cm
アップリケ地 … 赤コットン100% 13×13cm
裏地 … 白コットン100% 15×15cm
キルト芯 … 薄めのポリエステル100% 15×15cm
しつけ糸 … 適宜
アップリケ糸 … 赤1m
キルト糸 … 白5m
刺繍糸 … 3本取り 50cm

▶ パターンをトレースする - - - - - - - - - - - -

1 型紙のパターンを切り取り、赤のアップリケ地（縦布）の中心にのせます。

2 パターンが動かないように、数カ所まち針で止めます。

3 パターンの外側のきわをチャコペンでトレースします。谷部分も必ず一番奥までトレースします。

- - - - - - - - - - - - - - - ▶ 裁断する - - - - - - - - -

4 トレースが終わったら、まち針とパターンをはずします。

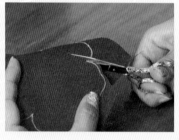

5 チャコペンのトレースラインから4〜5mm外側のラインを小さめのハサミ（糸切りバサミでよい）で、カットしていきます。

6 ゆっくりでいいので、滑らかにカットします。谷間の部分も奥深くまでていねいにカットします。

- - - - - - - - - - - ▶ まち針を打つ - - - - - - - - ▶ しつけをする - - - - - - -

7 アップリケのカットが終わったら、縦布の下地の中心にのせます。

8 アップリケ地が動かないようにまち針で止めます。

9 玉結びを上に出したまま、アップリケ地の外側から1cm内側を一周、しつけ（1本取り）をかけます。最後は玉止めなしで返し縫いして糸を切ります。

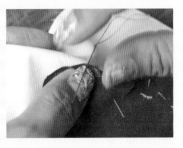

10 ハイビスカスのモチーフのきわから1cm内側をモチーフに沿ってしつけをします。

11 アップリケ用の赤い糸を使い、モチーフの比較的平らなところからチャコペンの線に沿って折り込みながら針を刺していきます。

12 アップリケ地をチャコペンのラインに沿って折り込む時には、指を使わず針で折り込んでいきます（ニードル・ターンという手法）。

13 玉止めを下地と赤いアップリケの生地の間に隠し、奥たてまつりを始めます。

14 針目の幅は約3〜4mmにしてください。1mmの幅にするとかえって針目が目立ってしまいます。

15 奥たてまつりはアップリケ地より少し奥の下地に針を入れ、そのまま3〜4mm先のアップリケ地のきわに出して、糸を引きます。

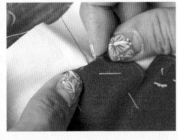

16 針で少し布を折り、またアップリケ地より少し奥めの下地に針を入れ、そのまま3〜4mm先のアップリケ地のきわに出して、糸を引きます。

17 15、16の繰り返しをします。左手の親指も使いながらアップリケ地を少しずつ折り込むようにして進めてください。

18 谷部分はきれいに折り込みにくいですが、ハサミで切り込みを入れてはいけません。

19 谷部分の5mm手前に来たら針を一旦留めます。

20 針だけ少し先の谷の反対側から針の腹を使ってアップリケ地を折り込み、滑らせながら元の位置まで戻ります。

21 上手にできなかったら、19、20の行程を繰り返し調整します。

22 あまり同じ行程を繰り返すと生地がほつれてボロボロになるので、気をつけてください。

23 うまくできない場合は、手首を使って針を回してみましょう。

24 谷の部分の縫い目は、1mmくらいの細かい縫い目で3針縫います。

25 谷は縫いしろが少なくなるので、細かくしっかり縫いましょう。

26 花を一周してアップリケが終わったら、しつけ糸を取り除きます。

▶キルティングの準備- - - -

27 キルティングの準備をします。縫い終わったアップリケをトップに、キルト芯、裏地を3枚重ねます（裏地も縦布に）。

▶ しつけをする

28 3枚を正確に重ね、3枚いっしょに数カ所まち針を打って止めます。3枚がきちんと重なるようにしてください。

29 花の中心から外側に向け、しつけをします。

30 端までいったら、玉止めをせずそのまま返し縫いをし、糸を切ります。

▶ 枠を描く

31 2本目も中心からしつけをかけ、3本目、4本目と十字にしつけします。

32 花が中心にくるように物差しで確認しながら、外周りに12.5cmの仕上がり線を引いていきます。キルトすると縮むので少々大きめにしてください。

33 線を引いた外周の上をしつけします。ここまでエコーイングキルトをする、という目印になります。

▶ 玉止めを隠す

34 白いキルト糸を使って裏から針をさし、玉結びをキルト芯の中に隠します。

35 糸の終わりに2.5cmの足の長い玉結びを作っておきます。

36 足の長い糸を左手で持ち、玉結びをキルト芯に入れ、針を表から引き出します。

▶ 落としキルトをする - - - - - - - - - - - - - - - -

37 裏に玉結びが出てないか、玉結びがキルト芯に入っているか確認します。この3枚を縫うことを、「キルティング」といいます。

38 落としキルトをします。花のすぐ外側に沿って、波縫いのようにトップ、キルト芯、裏地の3枚をしっかり縫っていきます。

39 針目は2mmくらいで、花のすぐきわをキルティングします。

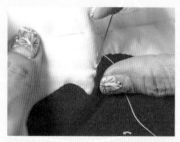

40 キルティングの基本の縫い方は上から下に針を直角に入れ、直角になるように下から出します。

41 2～3針続けて縫いますが、谷の部分は一針ずつ縫いましょう。針は表で引っぱります。

42 アップリケを一周したら、落としキルトは完了です。

▶ 玉止めをする - - - - - - - - - - - - - - - -

43 裏に針を出して、玉止めをします。

44 玉止めが終わっても糸を切らないでください。まずは玉止めをした穴と同じ穴に針を入れます。

45 キルト芯の中を通し、1cmくらい離れたところで針を引っ張り出します。

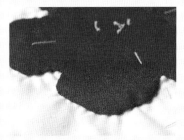

46 こうすると玉止めがキルト芯に隠れて仕上がりがきれいになります。入らない場合は、ぐっと引っ張ってください。

47 玉止めがキルト芯に入ったのを確認したら、糸を短く切ります。

48 上から見ると、花が立体的に盛り上がっているのがわかります。

▶飾りキルトを縫う-------------------------------

49 飾りキルトを入れていきましょう。はじめにハートの型紙をアップリケ地の花にチャコペンでトレースします。

50 5つのハートが描けたら、準備完了です。

51 同じ白いキルト糸でハートの上をキルティングしていきます。ハートの先の尖った部分からキルティングを始めます。

52 アップリケ地の上に刺す白の糸は縫い目が目立つので、ステッチを一定にし、バランスよく揃えましょう。

53 1個のハートが終わったら玉止めをせずに、そのまま次のハートに移ります。その際、糸はキルト芯の中を通して渡します。

54 すべてのハートをキルティングします。糸が足りなくなったら、裏で玉止めをして隠し、糸を切って新しい糸を使います。

55　5つのハートの飾りキルトが終りました。縫い目は揃いましたか？

56　エコーイングキルトをアップリケの外側に何周も入れていきます。幅は1cmを目安にしてラインをチャコペンでラインを描きます。

57　ラインの上を同じ白いキルト糸でキルティングしていきます。アップリケから一番近い場所のエコーイングキルトから始めます。

58　2〜3針続けてキルティングしていくとステッチが揃いやすいです。

59　本来はシンブル（指ぬき）とフープを使うのですが、これは小さい作品なので、波縫いでキルティングをします。

60　1周目が終わったら、2周目、3周目と外側のしつけまでキルティングしていきます。

61　すべての行程が終わりました。

62　裏に返し、玉結びや玉止めがきれいに隠れているかどうか確認しましょう。キルティングを忘れている部分がないかも確認します。

63　最後に花柱部分の刺繍をします。まずはチャコペンで花柱のラインを描きます。

64 3本取りの刺繍糸を用意します。裏から針を出し、ラインに沿ってアウトラインステッチをしていきます。

65 2mmくらいずつ重ねるステッチです。糸は3本取りなのでずれないように気をつけて刺繍してください。

66 チャコペンのラインの最後までアウトラインステッチをします。

67 ラインが終わったら、ラインの右側に3個のフレンチナッツを施し、おしべに見立てます。3回巻いて作る玉止めでも大丈夫です。

68 刺繍糸が3本取りなので玉止めが大変ですが、ゆっくり落ち着いてやってみましょう。

69 3個目まで終わったらラインの左に移動し、下から上に玉止めを作っていきます。

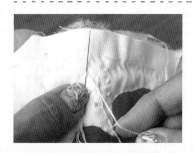

70 67〜69と同じように3個フレンチナッツ（玉止め）をします。

71 全部で6個終わったら裏に針を出し、玉止めをします。

72 周りの仕上がり線から5mm外側をカットし（切りっぱなしで大丈夫です）、最後にしつけ糸を取り除いたら完成です。

LESSON 2
Let's make your second quilt!

マオ・ハウ・ヘレ
（ハイビスカス）**のクッション**

小さなフレームでアップリケの縫い方がわかったら、次はクッション作りに挑戦してみましょう。クッション作りでは、さらに伝統的なハワイアンキルトの手法がマスターできます。大作を作るために不可欠な手法をここで学んでおきましょう。アップリケやキルティングのステッチがより上手になるよう、いくつか作ってみてください。

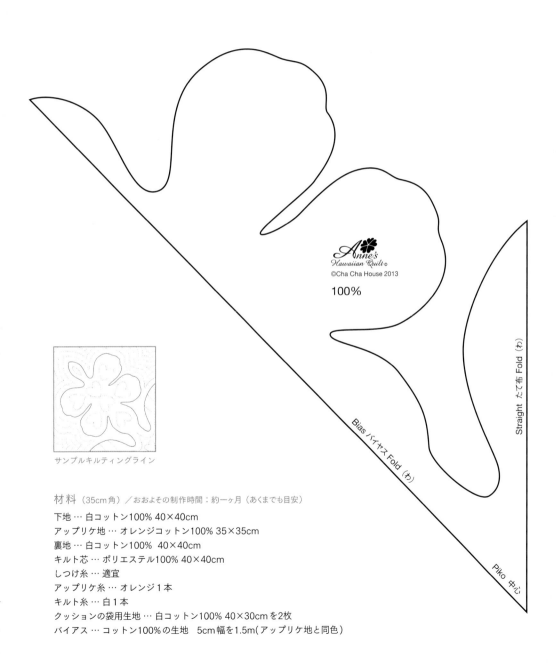

Anne's
Hawaiian Quilt。
©Cha Cha House 2013
100%

Bias バイヤス Fold（や）

Straight たて布 Fold（ネ）

Piko 中心

サンプルキルティングライン

材料（35cm角）／おおよその制作時間：約一ヶ月（あくまでも目安）
下地 … 白コットン100% 40×40cm
アップリケ地 … オレンジコットン100% 35×35cm
裏地 … 白コットン100% 40×40cm
キルト芯 … ポリエステル100% 40×40cm
しつけ糸 … 適宜
アップリケ糸 … オレンジ1本
キルト糸 … 白1本
クッションの袋用生地 … 白コットン100% 40×30cmを2枚
バイアス … コットン100%の生地 5cm幅を1.5m（アップリケ地と同色）

1. アップリケをする

▶ アイロンをかける -

1 白色の下地とオレンジ色のアップリケ地の正方形の生地を、外表できちんと8折りにしてアイロンをかけます。

2 下地とアップリケ地はまったく同じように8折りしてください。

3 カットしておいたマオ・ハウ・ヘレのパターンをアップリケ地に置きます。パターンに書いてあるバイアス、縦布、横布などに気をつけて。

▶ パターンをトレースする -

4 生地の中心（Piko＝ピコ）からまち針を止めていきます。生地の中心に空気や余分な生地をためないために、まち針は中心から外に向けて止めます。

5 8枚がずれないようにていねいにまち針を止めます。まち針が紙のパターンより外側にはみ出さないように気をつけてください。

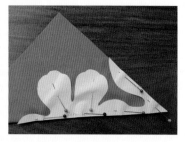

6 あまり多くまち針をしないように気をつけてください。

7 パターンのすぐきわをチャコペンでトレースします。

8 谷の部分は谷の一番奥までトレースしてください。

9 トレースがすべて終わったら、もう一度全体にきちんとトレースされているか確認しましょう。

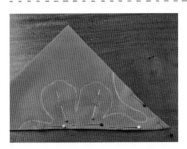

10 一度まち針と紙のパターンを取り除き、布だけを同じようにまち針で止めます。

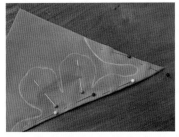

11 トレースしたパターンの外側に待ち針がはみ出ないように気をつけてください。針の先がハサミの刃に当たると、ハサミが切れなくなってしまいます。

12 裁ちバサミで、8枚を重ねたままカットしていきます。8枚重ねのカッティングですから、よく切れる軽い裁ちバサミがおすすめです。

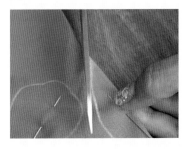

13 トレースラインは仕上げのラインになるので、ラインより4〜5mmの外側をカットしていきます（カットするラインはチャコペンがありません）。

14 ハサミの刃の中心の部分でカットします。ハサミの先端部分でカットすると8枚の生地がバラバラになるので、注意してください。

15 ハサミは机に対して垂直に持ってください。8枚がきちんと同じ大きさにカットできるように気をつけます。

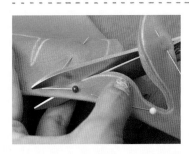

16 カットするときは、ハサミの左側にトレースラインがくるようにします。ハサミを逆にすると、自分の手とハサミでトレースラインがよく見えません。

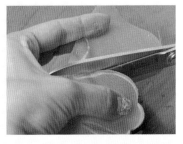

17 カッティングは常に同じ方向でしてください。8枚がずれる可能性があるので、いろいろな方向からカッティングするのはやめましょう。

18 カッティングの最後もハサミの刃の先端ではなく、刃の中心の部分でカットしましょう。

19 カッティングが終わった状態です。8枚重ねがずれていないか確認しましょう。

20 下地にのせてみましょう。こだけでもハイビスカスの形が見えてきますね。

21 下地とアップリケ地を外表にして広げます。

22 下地の上にアップリケ地をかぶせるようにして全体を広げます。

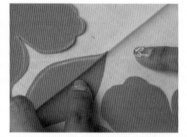

23 下地の折り目にアップリケ地を合わせ、重ねていきます。アイロンをしっかりかけていれば重ねやすくなっています。

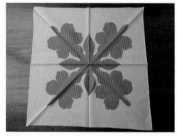

24 8本のアイロンの折線に沿ってきちんと重ねられているか確認します。

▶まち針を打つ-------

25 アップリケ地の中心と下地の中心を合わせ、まち針で止めます。

26 さらに中心から外側に向かって、アイロンの折線8本の上をまち針で止めていきます。

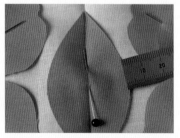

27 花びらの部分はレイアウトのときにずれることもあるので、物差しで隙間を計り、すべて同じ間隔でレイアウトできるよう確認します。

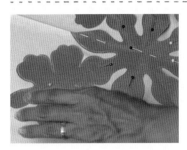

28 花びら、葉のすべてをまち針で止めます。

29 全体がまち針で止まりました。

▶しつけをする

30 中心からしつけをかけていきます。玉結びを中心に出し、まずはアイロンの折線の上を外側に向かってしつけをします。

31 線の最後までいったら、そのままハイビスカスのきわから1cm内側に沿ってしつけをかけます。

32 アイロンの折線の上のしつけを一カ所、あとはマオ・ハウ・ヘレの外側より1cm内側を一周します。

▶アップリケをする

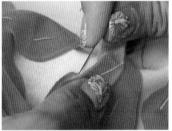

33 アップリケ糸を使い、モチーフの比較的平らなところからチャコペンの線に沿って折り込みながら針を刺します。

34 生地をチャコペンのラインに沿って折り込むときには、指を使わず針で折り込んでいきます（ニードル・ターンという手法）。

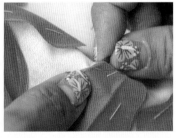

35 糸を引き、玉結びを下地とアップリケ地の間に隠し、奥たてまつりをはじめます。針目の幅は3〜4mmにします。

36 奥たてまつりはアップリケ地より少し奥めの下地の白に針を入れ、そのまま3〜4mm先のアップリケ地のきわに出して糸を引きます。

37 針で少し布を折り、またアップリケ地より少し奥の下地に針を入れ、そのまま3〜4mm先のアップリケ地のきわに出して、糸を引きます。

38 谷部分は折り込みにくいかもしれませんが、ハサミで切り込みを入れ、折り込まないようにしてください。

39 谷の5mm手前にきたら、針をいったん止め、針だけ少し先の谷の反対側に持っていきます。

40 針の腹でアップリケ地を折り込み、滑らせながら元の位置まで戻ります。上手にできない場合は、39、40の行程を繰り返し調整します。

41 あまり同じ行為を繰り返すと生地がボロボロになるので、気をつけてください。上手にできなかったら、ぐるっと手首を使ってみてください。

42 谷の部分の縫い目は3針ほど1mmの細かい縫い目で縫ってください。

43 谷の部分は縫いしろが少ないので、しっかり縫ってください。

44 谷のあとは、山の先端の部分までそのまま進んでください。

45 山の先端の部分から5mm手前まで縫います。

46 いったん止め、山の先端の部分を平らに後ろに折り込みます。

47 後ろに折り込む生地を平らにしないと、山の先端の部分がもこもこになり、すっきりした三角になりません。

48 そのまま山の左側部分も折り込みます。

49 山がきちんと三角になっているか、糸を少し引っ張って確かめてみます。

50 山の上でそのまま一針奥たてまつりをします。

51 三角がきちんとできているか、もう一度確認します。

▶ 丸みを出す

52 そのまま奥たてまつりでアップリケを続けていきます。

53 針を裏にさすときに、裏側に左手の指をあてて支えています。このとき、左手の人差し指は写真のように裏で動かしていきます。

54 花びらの丸い部分もきちんとカーブするようにアップリケしましょう。

55 谷の部分は39〜43を繰り返します。

56 山の部分は45〜51を繰り返し、ていねいにアップリケしましょう。

57 アップリケが終わったら裏で玉止めをし、全体のしつけを取り除きましょう。

2. キルティングをする

▶ キルティングの準備

1 キルティングの準備をします。アップリケをした布、キルト芯、裏地の3枚を用意します。

2 裏地も縦布になっているか確かめましょう。縦に引っ張って伸びない方が縦布です。

3 アップリケした表地を縦布になるように置きます。

▶ 待ち針で止める

4 裏地、キルト芯、表地3枚を重ねたところです。キルト芯は裏と表のないものを使っています。

5 中心がずれないように、中心部を3枚いっしょにまち針で止めます。

6 アイロンの折線上を、中心から外側に向けてまち針で止めていきます。

7 全体をまち針で止めました。

8 3枚にずれがないか裏返しにして確認します。

9 中心から3枚をいっしょにしつけをかけていきます。

10 まち針で止めているところをしつけしていきます。端までいったら玉止めをせず、半返し縫いをして糸を切ります。

11 8本のしつけが終わったら、モチーフの外側のしつけをします。端から2cmくらい内側を一周します。

12 すべてのしつけが終わりました。外側のしつけは、キルティングの際にゴミが内側に入らないようにするためと、持ちやすくするためです。

▶フープをはめる

13 クッションのキルティングにはフープを使います。丸い木製のフープをはめます。

14 生地が弛まないよう、ピンと張りましょう。

15 裏にひっくり返し、しわがないかどうか確かめます。しわがあったら、引っ張ってしわをなくします。

▶ 玉結びを作る

16 完成したときに裏から見ても
きれいなように、玉結びはキ
ルト芯の中に隠します。針を
右に持って糸を3回巻きます。

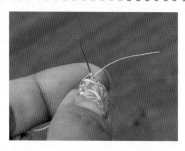

17 このとき足の長い玉結びを
作ります。針を左に持ち替
えます。

18 右手で針を上に引き上げます。

▶ 落としキルトを縫う

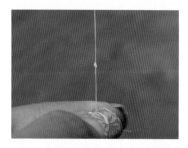

19 足の長い（2cmくらい）玉
結びのできあがりです。足が
長いことで、玉結びが隠し
やすくなります。

20 白のキルト糸を使います。裏
から針を入れ、玉結びをキ
ルト芯に隠します。

21 テーブルにフープを半分くらい
のせ、キルティングをする体
勢を作ります。キルティングは
遠くから自分の方（手前）へ
向かうように縦に進めます。

▶ シンブルを使ったキルティングの仕方

22 右手の中指にシンブル、人
差し指に針を引っ張るため
のゴムをつけます。シンブル
に針をあてて表から直角に
刺し、左の中指で受けます。

23 針が左手の中指にあたった
ら、すぐに奥に倒し、左中
指で針先を上に押し出しま
す。この繰り返しがキルティ
ングの基本的な縫い方です。

24 落としキルトはアップリケの外
側のきわをキルティングします。
比較的平らな部分からはじめ
ます。針をシンブルにあてて
直角に針を刺します。

25 左手の指で針が通ったのを
確認したら、針をシンブルで
倒します。

26 左手の指で針を上に押し上
げます。右手の親指を針の
出てくるすぐそばに置いてお
くのがコツです。

27 針先が出たらすぐ2針目の位
置に中指のシンブルで刺しま
す。

28 2針目もシンブルを使って針
を直角にし、裏まで刺します。

29 左手の指に当たったら針を
倒し、左手の指で針を上に
押し出します。一針一針で
はなく、一度に二針は進み
ましょう。

30 二針縫ったら針を引き出し
ます。

31 人差し指と親指で針を上に
引っ張り上げます。

32 また針を直角に刺し、シンブ
ルで押します。

33 左手の指に当たったら上に
押し上げ、二針目にいきます。

34 一度に二針できたら、三針に挑戦してみましょう。

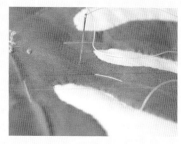

35 針を引き抜いたら、一度針を直角に軽く刺して置きます。

36 針を親指と人差し指で横からつまむように持ちます。

▶谷の部分のキルティングをする - - - - - - - - - - - - - - - - - - ▶山の部分のキルティングをする

37 谷の部分にきたら、キルティングは細かくします。

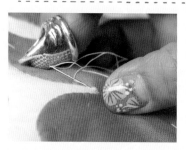

38 谷の部分は1針ずつていねいに縫います。

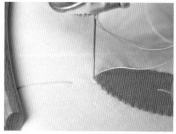

39 山の部分は、先まできたら一番先端に直角に針を刺します。

- ▶玉止めをする - - - - -

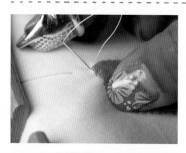

40 シンブルで針を倒して2針のキルティングをします。

41 谷の部分、山の部分に気をつけながらアップリケの周り全体に落としキルトをします。

42 落としキルトが終わったら、裏に針を出し、玉止めをします。

43 玉止めは3回巻いて作りましょう。

44 玉止めをした穴と同じ穴に針を入れます。

45 キルト芯の中を通し、1cmくらい離れたところで針を出します。

46 糸を引っ張って、玉止めをキルト芯の中に隠します。

47 こうすることで、裏側も玉結びや玉止めのない、きれいな仕上がりになります。

▶ 飾りキルトを入れる

48 次にアップリケにステッチを入れ、デザインを強調する飾りキルトをします。ハートの型紙を作って中央に置き、チャコペンでトレースします。

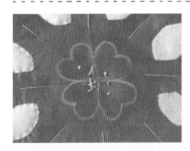

49 真ん中に、チャコペンで4つのハートを四葉のクローバーのように描きます。絶対に鉛筆は使わないでください。

50 落としキルトと同様に、白のキルト糸でキルティングします。今までよりアップリケ地1枚分厚くなっていますが、手法は同じです。

51 アップリケ地の上に白いキルティングステッチをすると目立つので、ステッチが揃うように気をつけましょう。

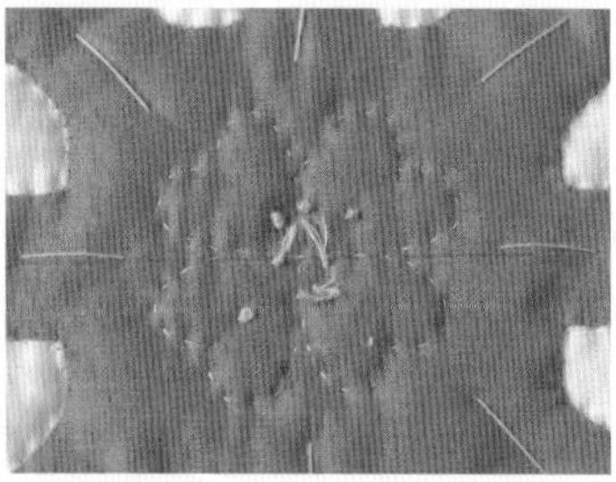

52 四葉のクローバー部分のキルティングが終わりました。

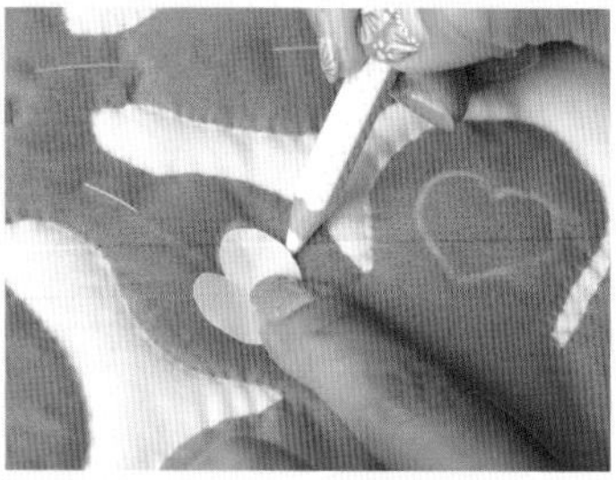

53 次は花びらの部分です。全体のバランスを見て、ハートの型紙を配置してチャコペンでトレースします。P.145サンプルを参照してください。

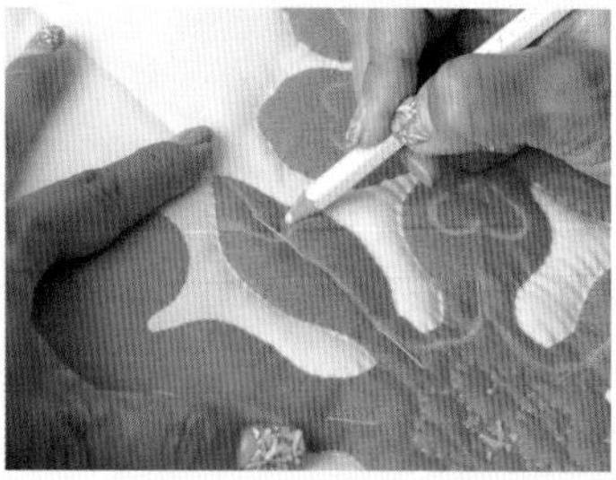

54 葉の部分には葉脈のキルトラインをフリーハンドで描いていきます。

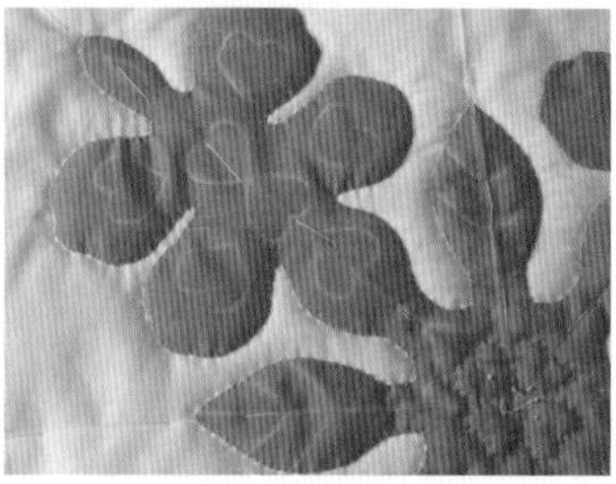

55 トレースが終わったら、同様に白いキルト糸で花びらと葉の部分の飾りキルトをします。

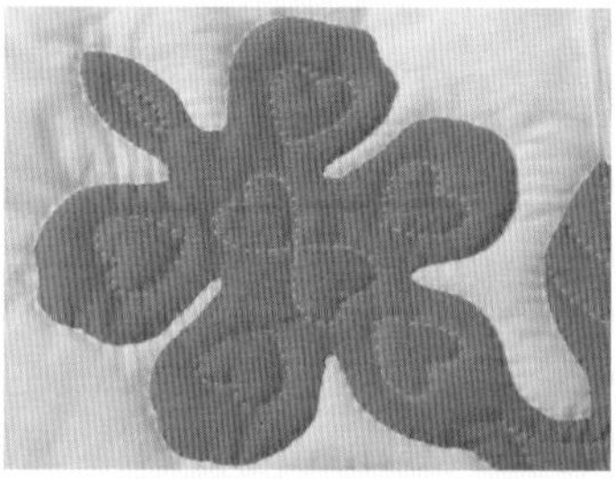

56 花の部分の飾りキルトが終わりました。これはP.145のサンプルに沿ってキルティングをしましたが、自分の好きなようにアレンジしてみてください。

▶エコーイングキルトを縫う

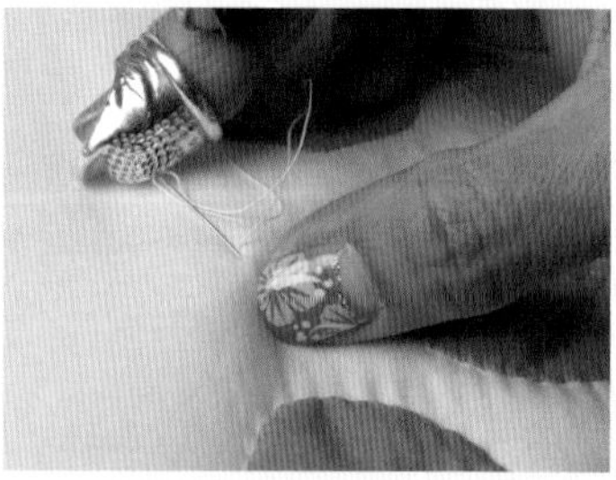

57 アップリケから1.2cmほど外側にアップリケのデザインに沿ってキルティングします。これをエコーイングキルトといい、2〜4目で縫います。

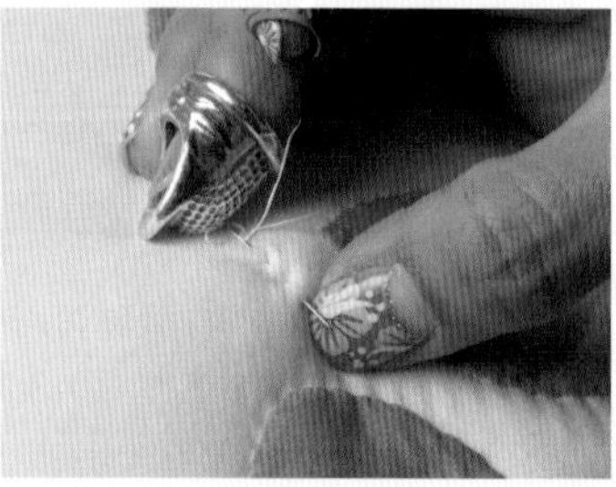

58 チャコペンでエコーイングキルトのラインを描いてもいいですが、伝統的な手法では目分量で縫います。慣れてきたらラインを描かずに縫いましょう。

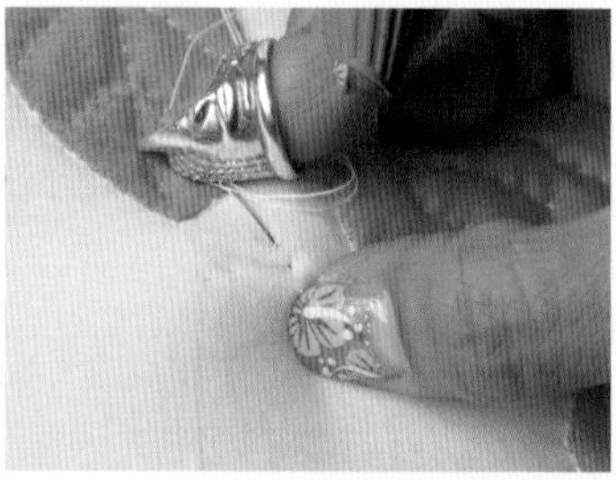

59 アップリケの外側に沿ってキルティングを続けます。このとき幅をきっちり計り過ぎると、あたたかみのないキルトラインになってしまいます。

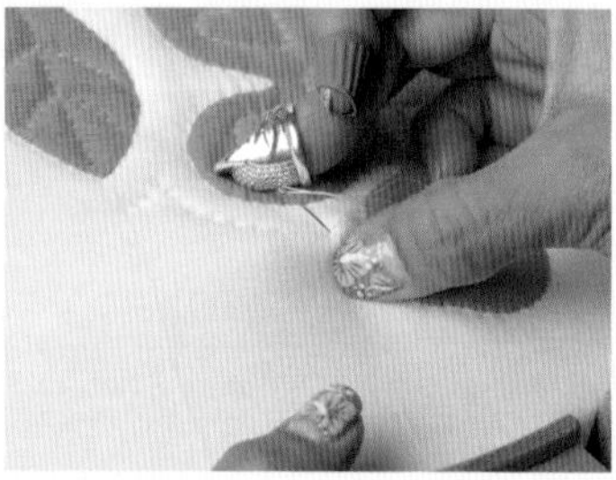

60 アップリケのカーブに合わせ、針目の大きさを変えずにリズミカルにキルティングしていきます。

3. 仕上げる

▶ クッションに成形する

61 エコーイングキルトの幅は1cm以上ないと、平たい印象のキルトになってしまいます。また1.5cm以上になると間の抜けたキルトになります。

62 クッションの大きさまでエコーイングキルトを続けます。途中でだいたいの仕上げ線を描いておくと、キルティングのやり過ぎを防げます。

1 クッションの袋の部分を作ります、クッション袋用生地2枚を真ん中で8cmほど重なるように置きます。

▶ バイアステープを作る

2 クッション袋用生地をまち針で動かないように止めておきます。

3 バイアステープを作ります。5cm幅のバイアスを150～160cm長さに縫い合わせます。生地を斜めに切って縫い合わせます。

4 バイアスが1本になったら、バイアステープメーカー（バイアス幅が2.5cmのもの）を使い、アイロンをかけていきます。

▶ 仕上げ線を描く

5 2.5cm幅のバイアステープをさらに半分に折ってアイロンをかけます。

6 クッションの表にチャコペンで仕上げ線を描きます。このクッションは大きさが35cm角なので、35cmになるようにラインを入れていきます。

7 チャコペンで線を引くときは、物差しのきわに入れてください。

8 仕上げ線の上にバイアステープの上の折り目を重ねます。

9 バイアステープをつけ始める部分は角以外であればどこでも大丈夫。バイアスの最初の部分を斜めに折り、まち針で止めます。

10 角まできたら、まち針をバイアステープの上部に斜めに止めます。角は額縁仕立てにします。

11 斜めに止めたまち針のところで、残りのバイアステープを45度の角度になるように上に折り上げます。

12 折り上げたバイアステープは、上部の仕上げ線に平行になるように合わせて、今度は下に折り返します。

13 バイアステープの淵がきれいに重なるように、きちんと折ります。

14 折った部分が45度の三角形になっているか確認します。

15 三角形の部分を倒して戻し、角にもう1本まち針を刺して止めます。10で斜めに止めたまち針のすぐ隣にくるように止めます。

16 10〜15の工程を繰り返し、バイアステープを1周させ、まち針で止めます。

17 最後は最初の部分にバイアスが2cmほど重なるようにします。不要なバイアスはカットします。

18 バイアスのアイロン線の上を、オレンジのアップリケ糸で縫います。バイアスの最初と終わりの重なった部分を2回返し縫いしてから始めます。

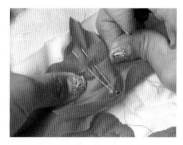

19 裏側のクッション袋用布地まですべていっしょに縫うので、かなり固くなっていますが、しっかり縫ってください。

20 なるべく細かい波縫いをします。

21 角にきたら、まち針より2針進み、返し縫いを2回します。

22 角の三角形に斜めに刺したまち針の線と、仕上げ線の合わさるところに針を通し、次の辺を縫いはじめます。

23 角の三角形の生地はいっしょに縫い込まないように気をつけてください。ほかの角も二針進み返し縫いを2回します。

24 続けてバイアスを最後まで波縫いします。最後は2回ほど返し縫いをして玉止めします。

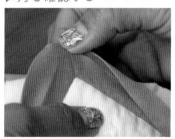

25 表にして、角の部分のバイアスを確認します。

▶ バイアステープの仕上げ

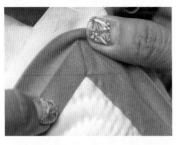

26 四隅の額縁がきれいにできていれば大成功です。

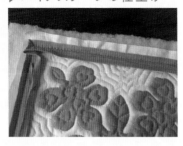

27 バイアステープが1周きちんと縫えたことを確認します。

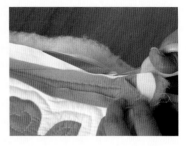

28 余分な生地やキルト芯をバイアスに沿ってカットします。

29 角の部分を三角にカットしておくと、額縁仕立ての角がもたもたしません。

30 裏にして、バイアステープを縫ったオレンジの糸がまっすぐに縫えているか確認します。

31 バイアスをきちんと折り、オレンジの糸の縫い線をきれいに隠します。

32 バイアステープを折ったらまち針で止め、奥たてまつりをしていきます。玉結びはバイアスと裏地の間に隠します。

33 表にオレンジの糸が出ないように気をつけます。

34 角まで来たら縫うのを止めて、きちんと三角に折ります。

35 裏もきちんと額縁仕立てになるように折ります。

36 角を針の先できちんと整えます。

37 表に返し、同じように額縁仕立てになっているかどうかを一度確認します。

38 きちんと折れていたら、そのまま奥たてまつりを続けます。

39 バイアスを縫ったオレンジの糸を隠すように最後まで奥たてまつりをして仕上げます。最後の玉止めはバイアスの中に隠しましょう。

LESSON 3
Now let's make a bigger quilt...
ティリーフのウォールハンギング

クッションを2〜3個作ったら、キルティングにもだいぶ自信がついてき
たと思います。そこで今度は、大きな90cm角のウォールハンギング（壁
掛け）に挑戦してみましょう。クッションと同じ作り方ですが、大きい
キルトになると外側のボーダーの部分が増えます。このボーダー部分の
つけ方や縫い方をここでしっかり学んでください。ウォールハンギング
が作れれば2m角のベッドカバーも夢ではありません。一歩ずつ夢に向
かってハワイアンキルト作りを続けましょう。

このティリーフのパターンは縮小サイズです。300％に拡大して使用してください。

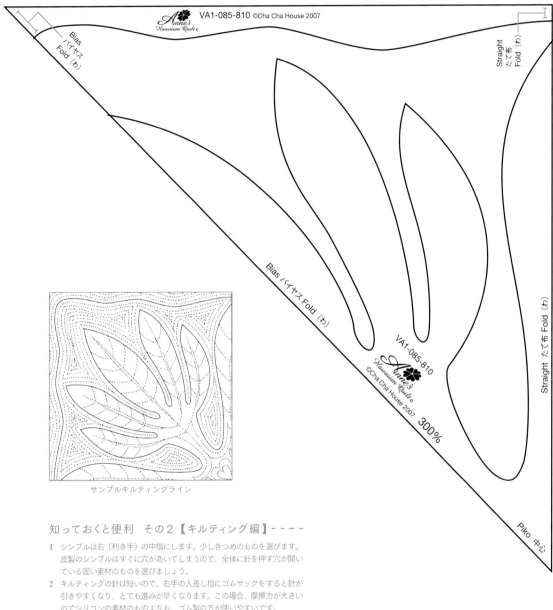

Bias
バイヤス
Fold（わ）

Annie's
Hawaiian Quilt®
VA1-085-810 ©Cha Cha House 2007

Straight
たて布
Fold（わ）

Bias バイヤス Fold（わ）

VA1-085-810
©Cha Cha House 2007
Annie's
Hawaiian Quilt®
300%

Straight たて布 Fold（わ）

Piko 中心

サンプルキルティングライン

知っておくと便利　その2【キルティング編】- - - -

1 シンブルは右（利き手）の中指にします。少しきつめのものを選びます。
　皮製のシンブルはすぐに穴があいてしまうので、全体に針を押す穴が開い
　ている固い素材のものを選びましょう。

2 キルティングの針は短いので、右手の人差し指にゴムサックをすると針が
　引きやすくなり、とても進みが早くなります。この場合、摩擦力が大きい
　のでシリコンの素材のものよりも、ゴム製の方が使いやすいです。

3 キルト芯が厚いほどキルティングの凹凸がはっきりします。キルト芯によっ
　てキルト針も変えましょう。

4 1m角以上の大きなキルトをするときは、中心の飾りキルト⇨落としキル
　ト⇨モチーフの飾りキルト⇨エコーキルト一周⇨ボーダーの落としキルト
　⇨ボーダーのエコーキルト⇨エコーキルトで全体をうめる⇨ボーダー部分
　のキルト、の順に縫っていきます。

材料（90cm角）
おおよその制作時間：約3ヶ月（あくまでも目安）
サンプル下地：ライムピスタチオ
アップリケ地：ゴールド（ともにフィエスタコットン）

下地 … ライムピスタチオフィエスタコットン
　　100％生地 100×100cm
アップリケ地 … ゴールドフィエスタコットン
　　100％生地 100×100cm
裏地 … コットン100％ 100×100cm
キルト芯 … やや厚めのポリエステル100％
　　100×100cm
アップリケ糸 … 1本
キルト糸 … 白1本
しつけ糸 … 適宜
バイアス生地 … コットン100％の生地5cm幅を
　　4m（アップリケ地と同色）
棒通し用生地 … コットン100％の生地
　　24×90cm（白色）

▶アイロンをかける・------ ▶パターンをトレースする・--------------------

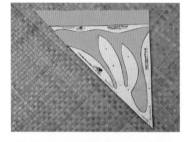

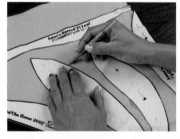

1 下地、アップリケ地ともに1m角の布を外表にして8折りにして、しっかりアイロンをかけます。

2 パターンを300％に拡大してカットし、アップリケ地に重ねてまち針で止めます。外側にボーダー部分があるところがクッションとは異なります。中心のパターンと同時に、ボーダーもまち針で止めます。

3 水溶性のチャコペンでパターンをトレースします。谷の部分も奥までしっかりトレースしておきます。

▶ 断裁する

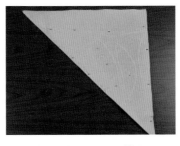

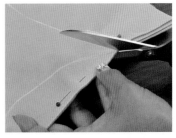

4 ボーダーの部分も同じようにトレースしますが、パターンの内側だけトレースし、外側はトレースしません。ボーダーのパターンから生地の端までは約5cmありますが、これはキルティングによってキルトが縮むことがあるので、余裕を持たせるためです。

5 すべてのトレースが終わったらいったんまち針をはずし、パターンの紙を取り除いて、再び中心から外に向かって、布がずれないようにまち針で止めます。ボーダー部分も同じようにします。トレースしたパターンの外側にまち針がはみ出さないように気をつけてください。

6 8枚重ねてカットするので、よく切れる軽いハサミを使います。机に対してハサミを直角に持ち、トレースしたラインから4〜5mmの縫いしろ部分をとった外側をカットします。ハサミは刃の中心部分を使い、チャコペンのラインがハサミの左側にくるように、一方通行でカットします。

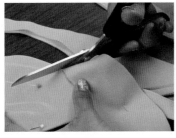

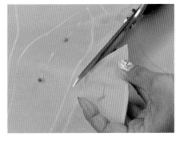

7 谷部分は、一番奥まで切り込みを入れます。ティリーフの葉はなだらかな形をしているので、スムーズにカットしてください。

8 すでにカットし終わった部分を手前に折り返すなどして、ほかの場所をいっしょにカットしないように気をつけながら、ゆっくり手を動かします。

9 葉の先端も同じように、4〜5mm外側をデザインに沿ってカットします。

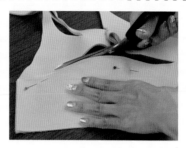

10 中心のパターンのカットが終わったら、ボーダー部分もカットします。必ずチャコペンのラインをハサミの左側にして、一方通行でカットしてください。

11 なだらかなウエーブのボーダーなので、滑らかにカットします。必ずハサミは机に対して直角に持ち、刃の中心部分で切ります。

12 カットが終わったらまち針を取り除きましょう。中心部分とボーダー部分のパターンがバラバラにカットされました。

▶レイアウトする

13 はじめに下地を外表に開き、中心部分になる1/8のデザインを置いてみましょう。

14 次に1/4に広げます。次第にデザインの姿が見えてきます。

15 さらに1/2に広げます。アップリケ地も外表なので、上からかぶせていくような感じで広げていきます。

16 全体を開き、アップリケの中心と下地の中心にまち針を止めます。まち針はアイロンの折線上に、中心から外側に向けて止めていきます。

17 アップリケ地をめくり、下地の折線と重なっているか確認しながらまち針で止めていきます。

18 デザインが大きくなるほど生地はずれやすくなります。ティリーフの葉と葉の間隔を物差しで計りながら合わせ、まち針で止めます。

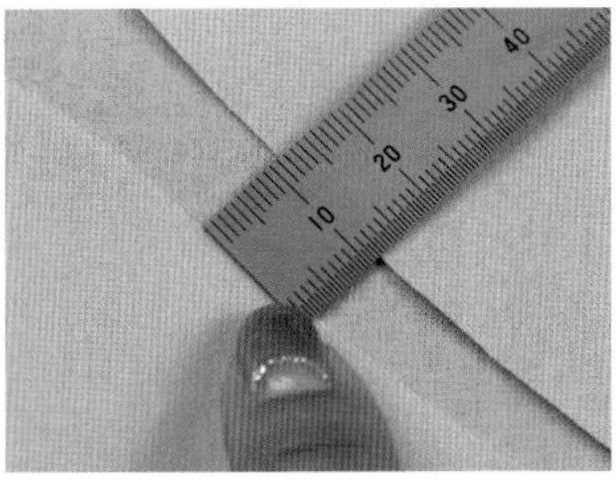

19 少しでもずれるとエコーイングキルトをするときに歪みが目立つようになります。この段階できちんと計っておきましょう。

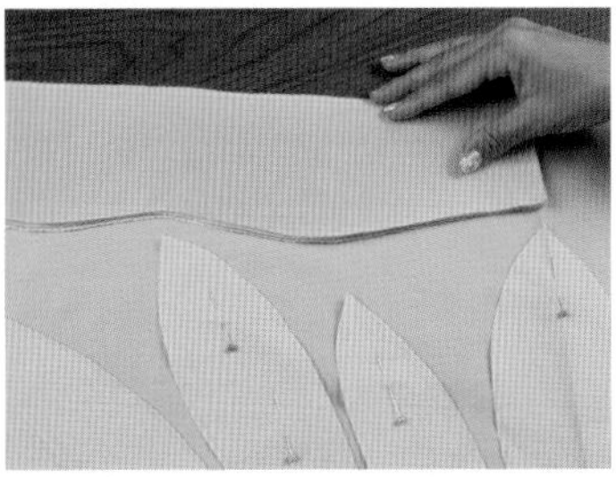

20 中心のパターン部分のまち針を刺し終えたら、次にボーダーのパターンを広げます。

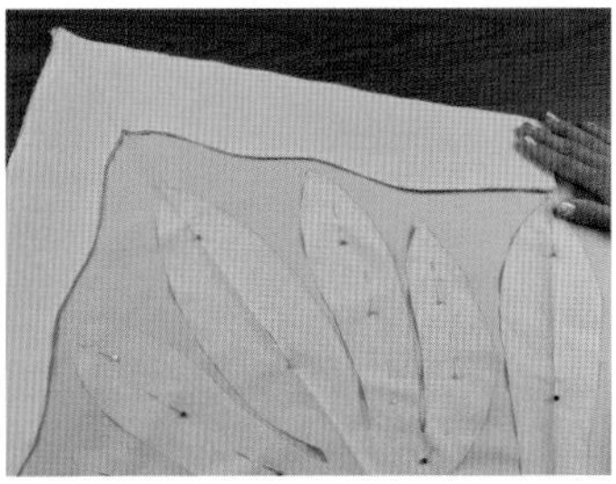

21 13～19の行程と同様に、中心のパターンと全く同じ配置でボーダー部分も広げます。

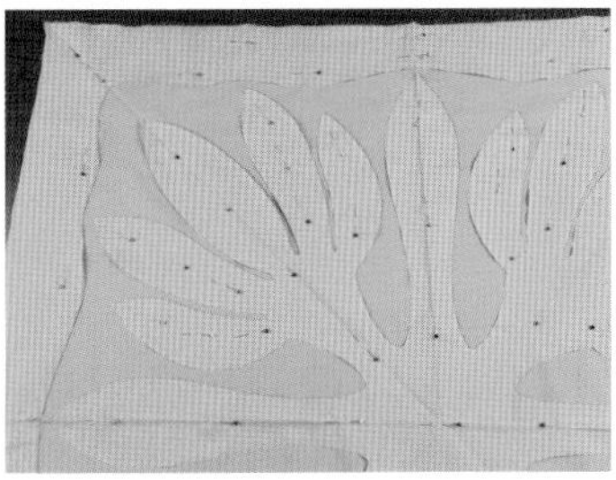

22 中心部分とボーダーのパターンの間隔を確認し、ボーダーの角部分が中心部分のパターンにそろうようにまち針を打ちます。

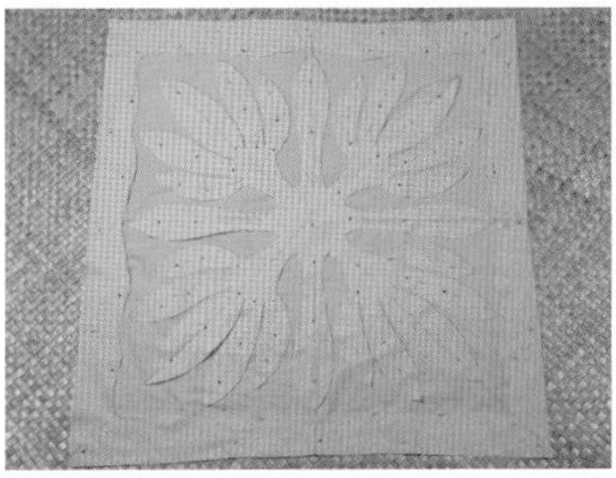

23 全体にまち針をした状態です。ここからしつけをかけていきます。クッションと違い、大きい作品ではたっぷり時間をかけましょう。

▶しつけをする

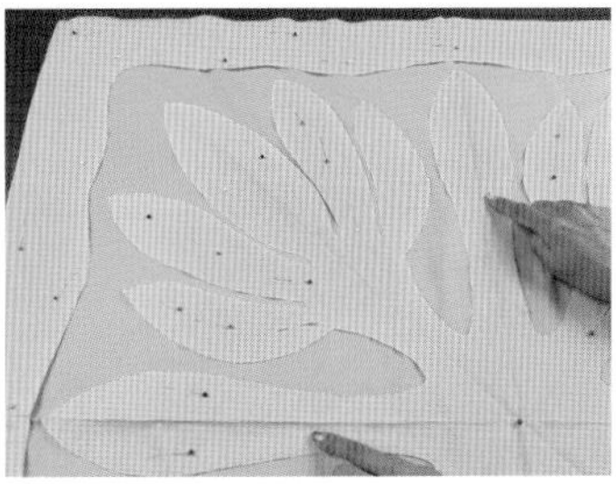

24 中心から縦、横、斜めと折線上を外に向かってしつけをかけます。この8本線上を忘れずにしつけをしてください。

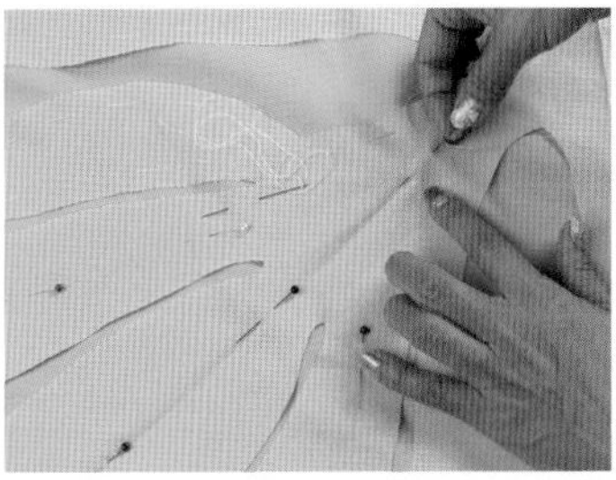

25 中心に玉結びを出して、線の上を中心から外へとしつけしていきます。

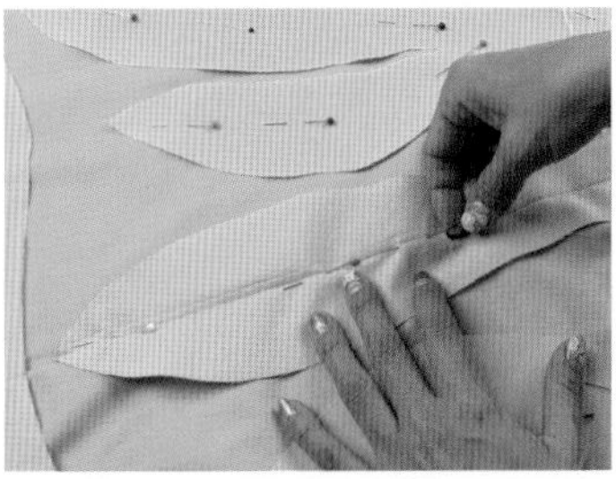

26 葉の最後までいったら、そのまま葉の輪郭に沿ってパターンの外側から1cm内側をしつけします。

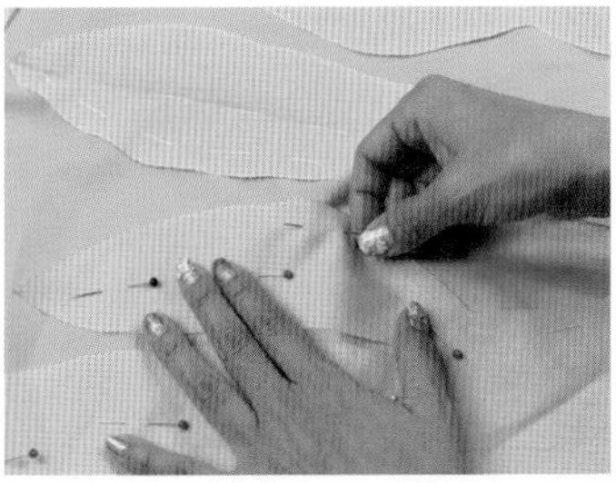

27 パターンの外側ぎりぎりにしつけをすると、アップリケをしづらくなるので、気をつけてください。

28 中央部分のしつけが完了したら、ボーダー部分もしつけをします。最後はゴミが入ったり指が入ったりしないように、ボーダー部分の外側から2cm内側を一周しつけをかけます。

29 アップリケを始めます。比較的なだらかな場所から始めましょう。左手で生地をたぐりますが、このとき生地にしわが寄ってしまっても、キルティングをすると気にならなくなります。

30 山の部分は、レッスン2のクッションと同様です。先端の5mm手前でいったん止め、山の三角部分を平らに折り込み、山の左部分を折り込んできれいな三角にし、糸を少し引っ張ります。その先端を一針、奥たてまつりで縫います。

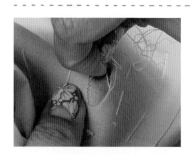

31 谷の部分もクッションと同様の作業です。谷の5mm手前でいったん止まり、谷の向こう側に針を持っていき、針の腹を使って滑らすように折り込み、元の位置に戻ります。谷の部分は1mmの針目で 3針細かく縫います。針目はクッションと同じ3〜4mmを保ちます。

32 中央部分のアップリケが終わったら、ボーダー部分をアップリケします。ラインがなだらかなので、滑らかにアップリケしましょう。

33 アップリケがすべて終了したら、しつけ糸を取り除き、キルティングの準備をします。アップリケをした生地を上にし、キルト芯、裏地の順に3枚を重ねます。縦布、横布を揃えて重ねましょう。

▶中心部の飾りキルトを入れる

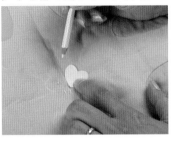

34 中心から外に向かって3枚いっしょに縦、横、斜めとまち針を止めていきます。同様に中心から8本しつけをかけます。

35 次に、ボーダー部分もしつけをします。外側から約2cm内側を1周しつけします。キルト芯にゴミが入らないようになり、キルティング作業もしやすくなります。

36 まずは中心の飾りキルトからはじめます。クッションのときと違うことは、なるべく中心からキルティングを始めることです。ハートの型紙で四葉のクローバーのようなラインを描きます。

▶フープをはめる

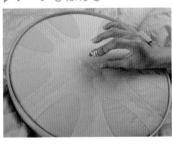

▶飾りキルトと落としキルトを縫う

▶他の飾りキルトとエコーイングキルトを縫う

37 中心のハートが描けたら、フープをはめて飾りキルトをはじめます。大きいものになってもステッチの目が大きくなることはありません。今までと同様、ステッチの幅は2mmくらい、糸は下地と同じ糸を使ってキルティングをします。

38 中心のハートの飾りキルトからはじめることで中心が押さえられ、落としキルトをするときに中心がモコモコしません。終わったら、アップリケの周囲に落としキルトを縫っていきます。P154の20からP157の47の作り方を参照して縫ってください。

39 ティリーフの葉の部分は本物のティリーフのように葉脈をキルティングします。グリーンのキルト糸にすると葉脈の部分の、ステッチがよく見えて素敵です。

40 私は「愛 -LOVE」をテーマにデザインしているので、必ずどこかにハートをステッチしてます。慣れてきたら自分好みのステッチをしてもいいでしょう。

41 ボーダー部分もエコーキルトをします。このときもなるべくチャコペンでラインを描かず、目分量で幅1.2cmくらいをキープしてキルティングしましょう。

42 バイアスは、生地の対角線にあたる部分を使います。この部分は伸縮するので周りに付けるのに最適です。5cm幅のバイアスを約4m作ります。

43 数本のバイアスを1本に繋ぎ、幅2.5cmのバイアステープメーカー（P133参照）を使いアイロンをかけてバイアステープを作ります。できあがったキルトに、90cm角になるように仕上げ線の印をつけておきます。クッションのようにバイアスを仕上がり線に置き、角を額縁仕立てにして裏に返し、奥たてまつりで縫って完成させます。

44 棒通しを付けます。生地を用意し、2枚重ねにして筒状にした生地を横のラインに合わせてキルトの上部、波縫いで縫い付けます（完成サイズによりますが完成品より4cmほど短く）。

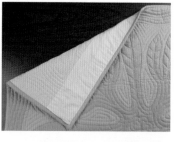

45 幅が約10cmの棒通しを本体に奥たてまつりで縫い付けます。表に縫い目が出ないように気をつけながら縫いましょう。棒通しの生地の色は、表に透けないよう白かクリーム色の生地を使います。

Anne's Hawaiian Quilt

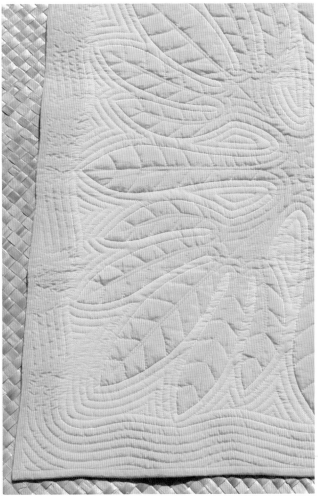

Patience! Patience! Patience!

Chapter-4

近年の
ハワイアンキルト集

元々は大きなサイズだけだったハワイアンキルトですが、現在
は手間と時間のかかる大きなサイズの作品だけでなく、使いや
すい小物類も作られるようになりました。普段身に付けやすく、
持ち歩きのできる小物なら、周りの人たちにも注目されるでしょ
う。また、ハッピーモーメントに幸せのお裾分けをハワイアン
キルトで手作りしてみましょう。このような身近な小物でハワ
イアンキルトを楽しむのもいいかもしれません。

✳ ハッピーモーメントに作りたいハワイアンキルト

人生の中でいくつものハッピーモーメントがあります。そのハッピーモーメントにハワイアン
キルトを作ってお祝いしましょう。贈る人のために、一針一針に心を込めて、お祝いの気持ち
を形にしてみるのはいかがしょう。贈る人も贈られた人も忘れられない逸品になります。

プルメリアとマイレのウェルカムボード (50cm × 40cm)
Plumeria and Maile Welcome Board

- - - -

結婚式には欠かせない神聖なマイレの葉と清楚なプルメリアをデザインしたウェ
ディングのウェルカムボードは、大切な日の必須アイテムになります。結婚が決
まった日からウェディングまでの間、嬉しい気持ちを込めてキルトを作ります。

ウェディングのウェルカムボード

娘や息子の結婚は親にとって何より大切な
イベントです。お金や品物だけでなく、心か
らの贈り物を考えた時に、新郎新婦の名前を
刺繍したウェディングのウェルカムボードを
作ったらどんなに喜んでくれるでしょう。友

達、兄弟、親戚など、心から作りたい方々へ
のプレゼントにも最適です。キルトには結婚
するふたりへのお祝いの言葉を入れたり、好
きな色を使ったりすると世界にたった一つの
カスタムキルトが作れます。

マイレリーフとプルメリアのウェディング・ウェルカムボード (45cm角)
とお揃いのリングピロー (20cm×15cm)
Maile Leaf and Plumeria Wedding Welcome Board and Ring Pillow

マイレリーフとプルメリアの
ウェディング・ウェルカムボード (45cm角)
Maile Leaf and Plumeria Wedding Welcome Board

愛の言葉、ふたりの名前、結婚記念日の文字の入ったウェルカムボード。ふたりの記念日を入れておけば、時間が経っても大切なギフトとなり、思い出としてお部屋のインテリアになります。毎年記念日を思い出すのにも素敵なアイテムです。

マイレリーフとプルメリアのリングピロー
(20cm×15cm)
Maile Leaf and Plumeria Ring Pillow

結婚式のために作ったリングピローは式が終わったあともお部屋にディスプレイしても素敵です。ふたりのイニシャルを刺繍したり、アップリケの色とマッチしたリボンやレースを使うと作り手も楽しめる作品になります。

ウェディングのための ウェルカムボードと リングピロー

結婚式の日に、チャペルやレセプション会場で、お客様をお迎えするウェルカムボード。刺繍する文字も工夫するとより心のこもったプレゼントになります。黄色のハイビスカスはハワイ州の花なので、ハワイで挙式をしなくてもまるでハワイでウエディングをしたような、特別な思い出になります。

ハイビスカスのウェルカムボード（45cm角）
Hibiscus Welcome Board

青い空、青い海に緑の大自然のエッセンスを入れたハワイアンキルトのウェルカムボード。ハワイアンウェディングはいつの時代も永遠の憧れです。そんな風景を想像し薄いブルーの下地、爽やかなグリーンの葉と黄色のハイビスカスを使いました。

ハイビスカスのリングピロー (20cm×15cm)
Hibiscus Ring Pillow

ウェルカムボードとお揃いのリングピローはハワイアンウェディングにはなくてはならないもの。ウェルカムボードよりも少し濃い黄色を使い、より華やかなリングピローにしました。永遠の愛を誓うように、ふたりの結婚指輪をリボンで結びます。

※左ページのキルトのパターンです。

サンプルキルティングライン→

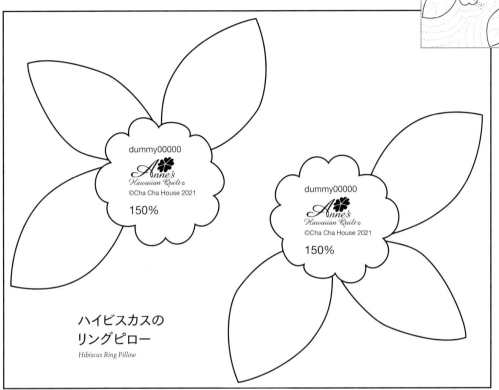

dummy00000

Anne's
Hawaiian Quilt。

©Cha Cha House 2021

150%

dummy00000

Anne's
Hawaiian Quilt。

©Cha Cha House 2021

150%

ハイビスカスの
リングピロー

Hibiscus Ring Pillow

サンプルキルティングライン

ハイビスカスの
ウェルカムボード

Hibiscus Welcome Board

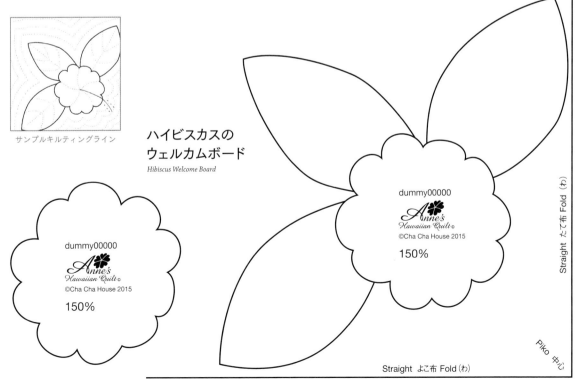

dummy00000

Anne's
Hawaiian Quilt。

©Cha Cha House 2015

150%

dummy00000

Anne's
Hawaiian Quilt。

©Cha Cha House 2015

150%

Straight たて布 Fold（わ）

Piko 中心

Straight よこ布 Fold（わ）

ウェディングの小物

結婚式には欠かせないリングピロー。子供のリングベアラーがリングピローを持って登場するだけで、笑顔いっぱいのウェディングになります。小さいフレームに入れたシャド

ーキルト。デザインはハイビスカスもティアレも素敵な結婚式の小物になります。ウェディングケーキの横や新郎新婦のひな壇に飾れば、ハワイアンウェディングに変身します。

ティアレのシャドーキルトの
リングピロー（18cm角）
マイレとプルメリアの
リングピロー（20cm×15cm）

Tiare Shadow Quilt Ring Pillow and Plumeria and Maile Ring Pillow

ウェディングに相応しい淡い色合いの美しいシャドーキルトは、生地の上にオーガンジーをのせてキルティングしています。比較的短時間で完成するので、初心者でも気軽に作れます。プルメリアとマイレのリングピローは色のバリエーションを楽しめるアイテムです。

いろいろアレンジできるウェルカムボード

ウェディングだけではなく、お店やスタジオ、サロンに飾ったりといろいろな目的で使えるのがウェルカムボードです。また、家の玄関に飾れば、お客様を迎える素敵な役割をします。家の中のキッチンやリビングなどにも、家族が集まる大切な場所に手作りのウェルカムボードをぜひ飾ってみてください。きっと幸せが集まってくるはずです。

アンのハワイアンキルト、
プルメリアとマイレのウェルカムボード（50cm×40cm）
Anne's Hawaiian Quilt Plumeria and Maile Welcome Board

私がアンのハワイアンキルトを始めた時、一番最初に作ったウェルカムボードです。長い間お客様をお迎えした大切なアイテムとなりました。フレームはハワイの固有種であり、大変貴重な木材のコアを使っています。今でもリビングに飾っています。

マイレリーフとプルメリアのウェルカムボード（35cm角）
Maile Leaf and Plumeria Welcome Board

少し小ぶりのウェルカムボードはイベントの時などの持ち運びができる大きさにしました。キルトの色合いは手作りのフレームに合わせた色で作りました。コントラストのはっきりとした、元気のでるような色を使うのがおすすめです。

ベビーのためのウェルカムグッズ

作りながら思わず笑みが溢れそうな赤ちゃん誕生のウェルカムボード。性別がわからないときはニュートラルな色で作ります。そして赤ちゃんが生まれたら、名前、誕生日、身長、体重などを刺繍すると、一生の記念になります。赤ちゃんの性別を刺繍糸の色で表現するのも素敵です。フレームも手作りすると、より特別感が出ます。

マイレリーフとプルメリアの
ウェルカムボード（35cm角）
Maile Leaf and Plumeria Welcome Board

P197のウェルカムボードと同じデザインですが、位置を変えると違ったデザインに見えます。配置を変えたり、色を変えたりと工夫するだけで同じモチーフでもいろいろと楽しめます。

ウルのホワイトクッション（30cm角）
Ulu White Cushion

クリーム色と白の組み合わせのキルトはベビー用のクッションにぴったりです。クッションにはレースを使い、ベビーグッズらしく仕上げました。

イリマのウォールハンギング（90cm角）
Ilima Wall Hanging

ベビーのための小さなブランケットは赤ちゃんにぴったりの優しい色合いにしました。おくるみにもお昼寝にもぴったりのサイズです。

ハイビスカスのウェルカムボード（35cm角）
Hibiscus Welcome Board

ハイビスカスのベビー用ウェルカムボードには四隅にハイビスカスを施し、赤ちゃんの名前はいれず、ちょっとした一言を刺繍してアクセントに。

インテリアにもなるキルトフレーム

　クッションカバーのデザインを使い、フレームに入れて部屋のインテリアに。部屋の雰囲気や色に合わせたりと楽しめるのも手作りの醍醐味です。クッションカバーと違い、フレームに入れるので時間もかからず、アート感覚で楽しむことができます。部屋のインテリアやベッドカバーの色に合わせるとすっきりと見えます。また、植物の代わりのインテリアにもなります。大きさも部屋に合わせて変えるのもいいでしょう。

ラウアエシダとパラパライのキルトフレーム （45cm角）
Lauae Fern and Palapalai Quilt Frame

部屋の色や雰囲気に合わせたりと楽しめるのも手作りならでは。
フレームに入れたキルトはアートギャラリーのようなイメージ
になります。

ラウアエシダのキルトフレーム （45cm角）
Lauae Fern Quilt Frame

ガラスのないフレームは、キルトのふんわり感が際立ちます。
成人式や還暦などの区切りのある誕生日のプレゼントに心を込めて作りましょう。このフレームで一気に部屋の中がハワイアンに変わります。ハワイアンキルトは年齢や男女問わずに作れるのも魅力の一つです。

✻ カラフルな色で彩る
ハワイアンキルトのテーブルコーディネート

ナウパカのティーコゼー
Naupaka Tea Cozy
作り方・型紙→P.212

- - - - - - - - - - - - - - - - -

半分に切れたような形をしたナウパカの花は、ハワイ固有の植物で、ハワイアンキルトのデザインではとても人気のあるパターンです。下地を麻、アップリケを木綿地にして異なる生地同士の調和を楽しんだ作品です。

忙しい朝を鮮やかな色使いのハワイアンキルトで明るく彩り、楽しみましょう。かつてはベッドカバーやクッションなどの大きなサイズが中心だったハワイアンキルトですが、近年はテーブルコーディネートで活躍する小物作りが人気です。毎日の暮らしの中にさりげなく置くだけで明るく暖かなハワイが感じられます。クッションよりもサイズは小さいですが作り方の行程はまったく同じ。キルトを施したティーコゼーやアップリケのランチョンマットなど、キルトグッズで和むティータイムの提案です。

ナウパカの
ランチョンマット
Naupaka Placemat

- - - - - - - - - - - - - - - - -

ティーコゼーと同様に麻の生地と木綿を組み合わたランチョンマット。麻の生地感が爽やかでハワイらしい印象になりました。ティーコゼーとセットですが、こちらはキルティングをせず、アップリケだけにしました。上に置くコップなど飲み物が倒れにくいように、キルト芯を入れずに仕上げました。

ハイビスカスの
ティーコゼー＆ティーマット
Tea Time with Hibiscus

- - - - - - - - - - - - - - - - -

ハイビスカスのパターンのティー
コゼーとティーマット。本来の
2色使いのハワイアンキルトで
はなく、花は濃淡の異なるピン
クを使い、華やかで立体的なキ
ルティングを施します。マット
も同様の色使いで立体感を持た
せています。

伝統的な2色使いで作ったキッチングッズは、小さなサイズにすると一層カラフルに見えます。ハワイアンキルトは時間も手間もかかるので、特別な日のために作っておいたり、大切な人へのプレゼントにするのもよいでしょう。

　小物類のデザインはクッションなどのパターンをアレンジして作ることもできますが、普段からアンスリウムやジンジャー、プルメリアなどのハワイらしい植物をスケッチし、オリジナルデザインを描いてみることも大切です。このようなハワイアンキルトの小物をさりげなくあしらって、爽やかなハワイの空気を毎日の暮らしに取り入れましょう。

ティーリーフとウルの
ランチョンマット＆ポットホルダー
Placemat & Potholder with White and Navy

白と紺色の2色をネガポジのように色を反転させて作ったランチョンマットとポットホルダーのセット。魔除けの意を持つティーリーフと、グッドラックを意味するウル（パンノキ）の葉は、ともに家には必ず置いておきたい植物のデザインです。

ミニ・パイナップルと
ストロベリー・グアバの
ポットホルダー

Decorative Potholder with Petite Pineapple & Strawberry Guava

作り方・型紙→P.211

手軽に作れるキッチングッズの
ひとつ、ポットホルダー。パイ
ナップルとグアバをデザインし
たハワイらしいフルーツの組み
合わせです。このキルトは
20cm角なので、ポットホルダ
ー以外にも花瓶敷きや壁に飾っ
て楽しんでもいいでしょう。

プルメリアのティーコゼー＆
ランチョンマット

Plumeria Tea Cozy & Placemat

香りの良いプルメリアをパステルカラーのミン
トグリーンとパープルでデザインしたセットで
す。柔らかな色彩を組み合わせることで、上
品で落ち着きのある雰囲気に仕上がりました。
これは花を切り離してアップリケをするタイプ
のデザインなので、アップリケするときにバラ
ンスが悪くならないように注意してしつけをか
けましょう。

マイレとピカケのティーマット

Teamat with Maile & Pikake

ハワイの結婚式では、新郎がマイレ・レイを、
新婦はジャスミンの花のつぼみで作るピカケ・
レイをかけています。それほど神聖なマイレ
とピカケをデザインしたティーマットは、ス
ペシャルなランチやティータイムのために用
意しておくとよいでしょう。

✳ 手にも優しく使い勝手のいい
ハワイアンキルトのバッグ

ハワイのキルターはあまり作りませんが、最
近はカラフルで美しいハワイアンキルトを毎
日持ち歩けるバッグやポーチにする人が増え
ています。細かいキルティングを施したバッ
グやポーチは比較的丈夫です。日常使いのア
イテムですが、キルトを作る時間や手間は同
じですから大切に使うことを心がけ、ていね
いに作ってください。

ハートフル・ウルウルの
バケツ型トートバッグ
Bucket Style Tote Bag with Ulu Design
作り方・型紙→P.218

- - - - - - - - - - - - - - - -

巾着のように出し入れ口を絞れ
るバケツ形のトートバッグです。
口が閉じることができればたく
さん物を入れても中身が外から
見えないので安心。シックな焦
げ茶色と淡いピンク色の取り合
わせなので、幅広い年齢の方に。
ワンランクアップさせて、裏と
表を違うデザインにして作るの
もよいでしょう。

パーウー・オ・ヒイアカのランチトート

Lunch Tote Bag with Pa'u O Hi'iaka Design

お弁当を入れるトートバッグ。内側にビニールのライナーを入れ、液体が漏れても汚れないようにした。蓋と底が付くため裁縫は複雑ですが、化粧ポーチや旅行用ポーチにも便利なバッグに仕上がります。

アンスリウムのトートバッグ

Tote Bag with Anthurium Design

伝統的な2色使いに、花の色を1色加えた3色の組み合わせです。花は濃いめのピンクにし、かわいらしいハート形の花を強調しました。マチのないバッグは作りやすく、ちょっとした外出にちょうどいいサイズです。透明なプラスチック製の持ち手をつけにして清涼感ある雰囲気にしました。

パイナップルとマンゴーのレッスンバッグ

Petite Pineapple and Mango Lesson Bag

作り方・型紙→P.216

45cm角のクッションパターンを利用して作れるレッスンバッグです。40cmのフープやハワイアンキルトの材料などが入るので、ハワイアンキルトのレッスンにちょうどいい大きさです。持ち手にキャンバスのベルトを使用すればより丈夫に。裏に別のパターンを使うのもおすすめです。

※ ハワイアンキルトで揃えたい
ポーチや旅行用グッズ

ココヤシ、モンステラ、
プルメリアの小物入れ
Small Pouch

コスメポーチやコンパクトカメ
ラ（カメラケース）などにもな
る便利なサイズです。パターン
にとらわれず、自由にスケッチ
したデザインでもいいでしょ
う。二つ折りにしてマジック
テープで留めればより簡単です。

プルメリアとモンステラの
ファスナー付きポーチ

Pouch with Zipper

モンステラのファスナー付きポーチの
作り方・型紙→P.214

実用的なファスナー付きのポー
チを、大きさを変えて作りまし
た。上のプルメリアの花をデザ
インしたポーチは、短時間でで
きるので初心者の方でもすぐに
作れます。下のモンステラの
ポーチはひとつのパターンを二
つ折りにしたもの。葉のプカ（穴）
部分のカッティングとアップリ
ケを、ていねいにステッチして
ください。

小さな小物入れは、ハワイアンキルト特有のシン
メトリーなデザインではなく、花や葉だけの
シンプルなデザインを使用。初心者の方でも比
較的簡単に作れるアイテムです。一見ファス
ナーなどのパーツを付けるのが面倒に見えるポー
チやバッグですが、手縫いで仕上げるので手軽
に作れます。サイズが小さいので、端切れで作
れるのも小物のいいところです。

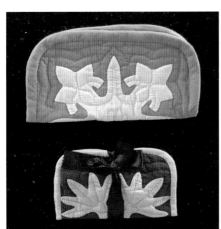

オーキッドのパスポートと
ナウパカのアクセサリーポーチ

Quilts for Travels

上はピンク地に白のオーキッドのモチー
フをアップリケしたパスポートケー
ス。チケットやパスポートなどをまと
めるポーチは旅行に欠かせません。下
はえんじ地に淡いピンクのナウパカの
アップリケをした旅行用アクセサリー
ポーチ。内側にリング通しや小さな袋
を付ければより便利になります。

イリアヒのショルダーバッグ

Iliahi Shoulder Bag

英名はサンダルウッド、和名は
白檀のイリアヒ。ハワイでは歴
史のある貴重な香り高い木です。
デザインはかわいらしい花と葉
で、ダークネイビーの下地にピン
ク色のアップリケを施し、底
マチとトップマチを付けた仕上
げた小ぶりのショルダーバッグ。

ナウパカのコースター

Naupaka Coaster
作り方・型紙→P.210

コースターは一番小さくて簡単に作れるキルトです。ナウパカの特徴的な花の形をデザインしたもので、小さくても3色使いでより印象的にします。1つずつ増やしていけるので、小物を初めて作るときにはおすすめです。

ココヤシのランジェリーケース

Lingerie Case with Palm Tree Design

- -

ココヤシのデザインで作った、旅行用のランジェリー
ケースです。大きめのポーチやソーイングバッグ と
しても使えます。

エンジェル・トランペットの
ソーイングバッグ ＆ パイナップルの
ニードルケース

Sewing Bag & Needle Case with Angel's Trumpet

- -

キルターの必需品、ハワイアンキルト用ソーイング
バッグをエンジェル・トランペットのパターンで作
りました。クッションのパターン上半分をハート形
にして二つ折りにします。大切なシンブル、はさみ、
針、糸、ものさし、糸通し、ゴムサックなどが入る
ポケットやピンクッションを内側に付けました。ニー
ドルケースはフェルトを内側に付けて、針の大き
さや本数が一目でわかるように作ると便利です。

ハワイアンキルトを続けている人は、どこに
でも持ち歩いてどこででもアップリケやキル
ティングができるようにするために、必ずソー
イングバッグを作ります。一つでも完成でき
ればと次から次へと作りたくなるのがハワイ
アンキルト。世の中に一つしかない存在しな
い貴重なアートの世界に足を踏み入れると虜
になり、やめられなくなってしまうはずです。

ドルフィンのペンケース＆
ティリーフのメガネケース

Dolphin's Pencil Case & Tileaf Glass Case

- -

チャコペンなどハワイアンキルトのソーイングアイ
テムが入るペンケースや、メガネケースもキルター
の必需品です。キルティングの小物入れはクッショ
ン性があり、破損防止にもなります。

＊生地はすべてフィエスタコットンを使用。

ナウパカのコースター

材料（直径12cm）サンプルの色は、ブラウン地に
フレンチブルーとアイボリー／ダスティピンクとアイボリー

下地 … コットン100%の生地 15×15cm
アップリケ地（花びら）… コットン100%の生地 10×10cm
アップリケ地（ハート）… コットン100%の生地 5×5cm
裏地 … コットン100%の生地 15×15cm
キルト芯 … 薄めのポリエステル100%　15×15cm
バイアス … コットン100%の生地　3.5cm幅を40cm
　（アップリケと同色、または下地と同色）
しつけ糸 … 適宜
アップリケ糸 … 2m
キルト糸 … 5m

作り方

1　下地にコースターの型をチャコペンでトレースします。
2　アップリケ地にナウパカのデザインをトレースします。
3　トレースしたアップリケ地を4〜5mmの縫い代を付け、カットします。
4　下地の中心にナウパカのアップリケ地をのせ、まち針で止めます。
5　モチーフの内側1cmくらいのところをデザインに沿ってしつけをします。
6　ナウパカの花びらの部分をアップリケします。
7　花びらのアップリケが終わったら、中心のハートをしつけし、アップリケします。
8　アップリケのしつけ糸を取り除き、キルト芯、裏地と3枚重ね、まち針で止めます。
9　中心から縦、横、縦、横と4本のしつけをします。最後はコースターの仕上がり線の上をしつけします。
10　落としキルトをし、飾りキルトをします。最後はデザインのまわり1cmくらいの幅でエコーイングキルトをします。
11　3.5cm幅のバイアスを幅1.8cm用のバイアステープメーカーでアイロンし、バイアステープを作ります。
12　仕上がり線に沿ってカットし、バイアステープを付けていきます。
13　バイアステープを一周させたら2cmほど重ね、余分なバイアスをカットします。
14　バイアスを縫っていき、一周回ります。
15　裏にし、バイアステープを奥縦まつりをして完成させます。

+Kay

Anne's
Hawaiian Quilt ©
©Cha Cha House 2004　100%

ナウパカ

Naupaka

サンプルキルティングライン

ミニ・パイナップルと
ストロベリー・グアバのポットホルダー

材料（できあがりともにサイズ20cm角 ※パイナップルも同じ）
サンプルは、グアバはシーフォーム地にフレアレッド／パイナップルは白地に赤

下地 … コットン100%の生地　22×22cm
アップリケ地 … コットン100%の生地　　20×20cm
裏地 … コットン100%の生地　22×22cm
キルト芯 … ポリエステル100%の生地　22×22cm
バイアス … コットン100%の生地　3.5cm幅を1m（アップリケと同色）
しつけ糸 … 適宜
アップリケ糸 … 1本
キルト糸 … 1本

作り方

1　下地を外表にして1/8折りにし、アイロンかけをします。

2　アップリケ地を外表にして1/8に折り、アイロンをかけます。パターンを置き、まち針で止めトレースします。一度紙のパターンを取り除き、まち針をし直してデザインを8枚重ねてカッティングします。

3　下地を外表にして広げます。その上にカットしたアップリケ地を外表で広げます。中心からまち針で止めます。

4　アップリケ地を下地にしつけ、アップリケを始めます。

5　アップリケが終了したらしつけ糸を取り除き、キルト芯、裏地と3枚をいっしょにまち針で止め、中心からしつけをかけます。

6　キルティングを始めます。落としキルト、飾りキルト、エコーイングキルトをします。仕上がり線の20cm角をチャコペンで描いておきます。

7　3.5cm幅のバイアスを1.8cm用のバイアステープメーカーでアイロンし、バイアステープを作っておきます。

8　表の仕上がり線の上にバイアステープをのせ、まち針で止めていきます。角の部分はクッションの作り方（P160〜P163）を参照してください。額縁仕上げにします。

9　裏に返してバイアステープを折り、奥縦まつりをし、仕上げます。

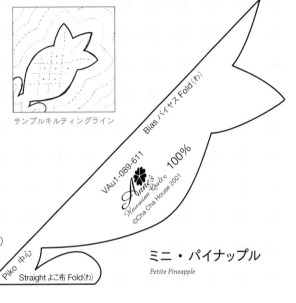

サンプルキルティングライン

Bias バイヤス Fold (わ)
VAu1-089-611
Anne's Hawaiian Quilt®
©Cha Cha House 2001
100%
Piko 中心
Straight よこ布 Fold (わ)

ミニ・パイナップル
Petite Pineapple

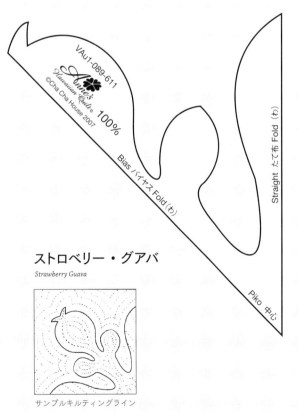

VAu1-089-611
Anne's Hawaiian Quilt®
©Cha Cha House 2007
100%
Bias バイヤス Fold (わ)
Straight たて布 Fold (わ)
Piko 中心

ストロベリー・グアバ
Strawberry Guava

サンプルキルティングライン

ナウパカのティーコゼー

材料（できあがりサイズ29cm x 22.5cm）
サンプルの色は、麻の生地にフューシャ

下地 … 麻100%の生地　35（横）×28cm（縦）を2枚
アップリケ地 … コットン100%生地　35（横）×25cm（縦）を2枚
裏地 … コットン100%生地　35（横）×28cm（縦）を2枚
キルト芯 … ポリエステル100%　35（横）×28cm（縦）を2枚
バイアス … コットン100%生地　5cm幅を1.5m（アップリケと同色）
しつけ糸 … 適宜
アップリケ糸 … 1本
キルト糸 … 1本

サンプルキルティングライン

作り方

＊1〜9までは 裏と表と2枚ずつ作ってください。

1 下地の麻、アップリケ地を外表で縦半分に折り、きちんとアイロンをかけておきます（裏と表2セット分）。

2 アップリケ地にナウパカのパターンを水溶性のチャコペンでトレースします。

3 パターンには縫いしろが入っていないので、トレースしたラインより4〜5mm外側をカットします（2枚重ねでカット）。

4 カットしたアップリケ地を広げて、下地の麻の中央線に沿いまち針で止めます。

5 下地の麻にティーコゼーの仕上がり線をチャコペンで描いておきます。

6 まち針を付けたアップリケ地にしつけをします。デザインの内側1cmのところをモチーフに沿ってしつけをします。

7 アップリケを始めます。終了後はしつけを取り除き、キルト芯、裏地を重ねて、いっしょにまち針で止め、キルティング用のしつけをします。

8 キルティングは落としキルト、飾りキルト（これはサンプルラインを参考に）、エコーイングキルトをします。キルティングは麻の色と同じ色のキルト糸を使ってください。

9 2枚とも終わったら、ティーコゼーの下の部分にバイアスをそれぞれつけます。

10 2枚ともバイアスをつけ終えたら、2枚を外表に重ね、ティーコゼーの上の部分を1本のバイアスで包みます。ティーコゼーの下の部分（バイアスがすでについているところまで）まで縫いつけます。

11 完成です。好みにより、上の部分に残りのバイアスとキルト芯で、持ち手をつけてみるのもいいでしょう。

ナウパカ
Naupaka

VAu1-089-611

Anne's
Hawaiian Quilt©
©Cha Cha House 2009

100%

Fold たて布（わ）

Piko 中心

Fold よこ布（わ）

モンステラの
ファスナー付きポーチ

材料（できあがりサイズ24cm×15cm）

サンプルの色は、フレアレッド地にフレッシュ

下地 … コットン100%の生地　33（横）×44cm（縦）
アップリケ地 … コットン100%の生地　26（横）×24cm（縦）
裏地 … プリントコットン100%の生地　33（横）×44cm（縦）
キルト芯 … ポリエステル100%　33（横）×44cm（縦）
バイアス … コットン100%の生地　3.5cm幅を110cm（アップリケと同色）
しつけ糸 … 適宜
アップリケ糸 … 1本
キルト糸 … 1本
ファスナー … 30cm

作り方

1 下地とアップリケ地を外表に1/4折りし、きちんとアイロンをかけます。

2 下地にポーチの土台の型紙をチャコペンでトレースします。アップリケ地にはモンステラのパターンをトレースします。

3 アップリケ地にトレースしたラインから、縫いしろの4〜5mm外側でカッティングします。

4 下地とアップリケ地を広げて重ね、中心からまち針で止め、全体にしつけをかけます。

5 モンステラのアップリケをします。

6 アップリケが終わったら、しつけ糸を取り除き、キルト芯、裏地の3枚を重ね、中心から外に向かってまち針で止めます。中心から放射状にしつけを8本します（縦、横、斜め）。そして最後にポーチの仕立て線の上をしつけします。

7 落としキルトを一周し、モンステラの中の飾りキルトをします。最後にデザインの周りに幅1〜1.2cmでエコーイングキルトをします。

8 3.5cm幅のバイアス1本に繋げ、幅1.8cmのバイアステープメーカーを使ってバイアステープを作りアイロンしておきます。

9 完成したキルトを仕立て線に沿って、余計な生地やキルト芯をカットします。

10 仕上げ線に沿ってバイアスをつけ、まち針で止めます。

11 ファスナーをつけます。キルティングした布を中表にして縦半分に折り、ファスナーをバイアスの上にのせ、まち針で止めます。表に縫い目がでないように、波縫いか返し縫いでファスナーの幅の中心の部分を縫います。そしてファスナーの金具が付いていない部分は千鳥がけで落ち着かせるように縫います。

12 ファスナーが両方についたら表に返し両脇を縫います。隠し縫いで表からバイアスの上を縫います。

13 両脇を縫ったポーチを裏に返し、図のように両端から2cm内側をまっすぐ縫い、マチを作ります。

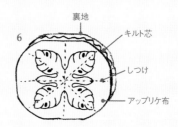

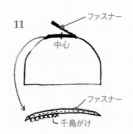

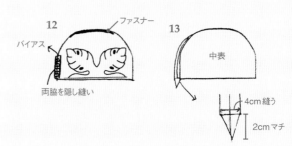

モンステラ
Monstera

サンプルキルティングライン

VAu1-089-611

Anne's
Hawaiian Quilt
©Cha Cha House 2009

100%

Fold たて布（わ）

Piko 中心

Fold よこ布（わ）

パイナップルとマンゴーのレッスンバッグ

材料（できあがりサイズ45cm、マチ13cm）サンプルの色はダステイブルー地にオールドローズ

下地 … コットン100%の生地 50（横）×110cm（縦）

アップリケ生地 … コットン100%の生地 45×45cmが2枚

裏地 … コットン100%の白かクリーム生地 50（横）×110cm（縦）

内側のライナー地 … プリント柄のコットン100%の生地 50(横)×110cm(縦)

ポケット用生地（同じプリント柄）… 27（横）×38m（縦）
　　　　　　　　　　　　　　　　　16（横）×26cm（縦）

キルト芯 … ポリエステル100% 50（横）×110cm（縦）

キャンバスベルト2種類 … 3cm幅／65cm×2本、3.8cm幅／1m

しつけ糸 … 適宜

アップリケ糸 … 1本

キルト糸 … 1本

パターン … クッションサイズ2種類

作り方

1 下地は長い生地を横半分に折り、外表で中心からマチ分の6.5cmを上下にアイロンし、その部分から表と裏、両方を1/8折りし、アイロンをかけておきます。

2 アップリケ地を1/8折りし、外表でアイロンをかけます。裏と表の2セット作ります。アップリケのパターンを1枚ずつトレースし、まち針を止め直し、8枚を重ねてトレースしたラインから4〜5mm外側をカッティングします（表はペティート・パイナップル、裏はマンゴー）。

3 1の生地を外表にして広げます。その上に2でカットしたアップリケ地を表と裏面の2枚とも、それぞれ中心に置き、まち針で止めます。

4 表裏ともにアップリケ地を下地にしつけます。

5 表裏ともにアップリケします。

6 アップリケが終了したらしつけ糸を取り除き、キルト芯、裏地と3枚を重ねてまち針で止めます。中心からしつけをかけます（表と裏は1枚の布で繋がっています）。

7 キルティングを始めます。落としキルト、飾りキルト、エコーイングキルトを、表、裏とも同様にキルティングします。

8 中表にして横に1/2に折り、マチの部分を除いて45cm角になるように仕立て線を描きます。折った状態で底から6.5cmの部分に、必ず印を付けておきます。

バッグの成形

1 キルトしたバッグを横に1/2に折り、中表にしてマチの部分の6.5cmをひねるようにして上げ、左側の仕立て線上を縫います。縫いしろ1.5cmを残し、余分な部分をカットします。裏返してまた同様にマチの部分の6.5cmをひねり上げ、左側の仕立て線上を縫います。底はツイストしている感じになります。

2 マチを付けます。両端から6.5cm内側をまっすぐ縫います。表に返し、底の部分を端ミシンの要領で5mm内側を縫い、底の部分をしっかりとさせます。

3 内袋のプリント生地にポケット用の生地を縫いつけます。内ポケット用の生地は大小ありますが、それぞれを中表でとじ口を3cmくらい除いて縫います。それを

3cmのとじ口から表に返します。そして端ミシンの要領で外側から5mmくらいのところを一周縫います。できあがった大きいポケットに小さいポケットを好きなように縫いつけ、大きなポケットを内袋の好きな位置に縫いつけておきます。

4 ポケットのついた内袋を中表にして、1と同じように、マチの部分の6.5cmをひねり上げ、左の仕立て線上を縫います。縫いしろ1.5cmを残し、余分な部分をカットします。裏返してまた同様にマチの部分の6.5cmをひねり上げ、左の仕立て線上を縫います。縫いしろ1.5cmを残し、余分な部分をカットします。※内袋は、表にキルトしたバッグのサイズより少し小さめに縫うときれいに仕上がります。

5 内袋をキルトしたバッグの中にすっぽりと入れます。表と同じように両端から6.5cm内側をまっすぐ縫いマチをつけます。

6 キルトした表のバッグと内袋をバッグの上の部分で外側に折り曲げます。折幅は2cmにし、しつけをしておきます。

7 中心から左右に7cmのところに印をし、幅が3cmの持ち手用のキャンバステープを仮止めします。

8 7でしつけした上から、幅3.8cmのキャンバステープをぐるりと一周置き、しつけをしてキャンバステープの上と下を2本縫います。このときは、できれば厚手でも縫えるミシンを使った方が丈夫になります。

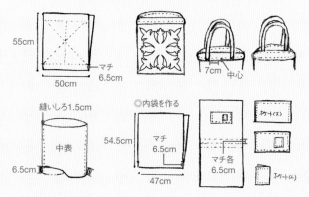

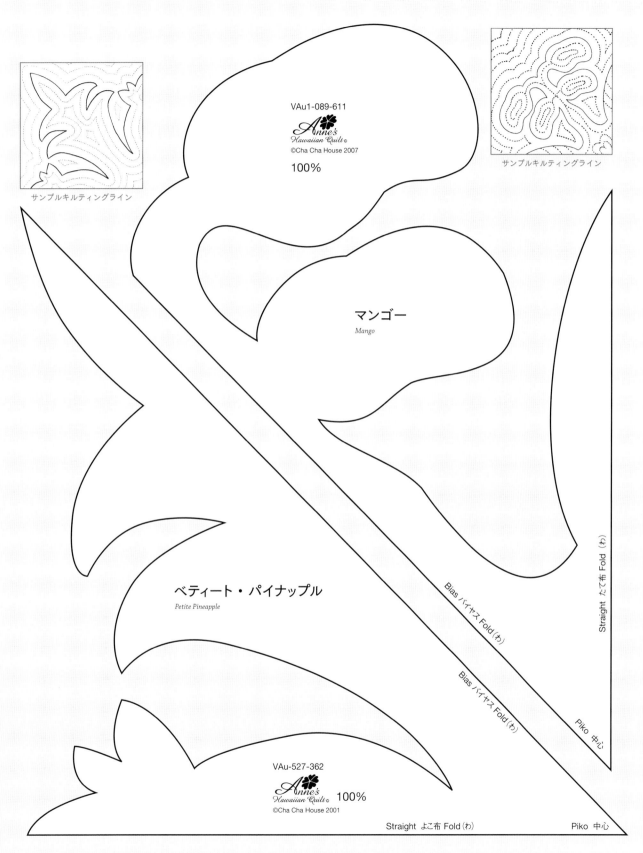

サンプルキルティングライン

VAu1-089-611

Anne's
Hawaiian Quilt.
©Cha Cha House 2007

100%

サンプルキルティングライン

マンゴー

Mango

ベティート・パイナップル

Petite Pineapple

Bias バイアス布 Fold（わ）

Bias バイアス布 Fold（わ）

Straight たて布 Fold（わ）

Piko 中心

VAu-527-362

Anne's
Hawaiian Quilt. 100%
©Cha Cha House 2001

Straight よこ布 Fold（わ）

Piko 中心

ハートフル・ウルウルのバケツ型トートバッグ

材料（できあがりサイズはトップの幅52cm、高さ48cm、マチ10cm）
サンプルの色は、下地がフィエスタコットンのプラム、アップリ地がダスティピンク

下地 … コットン100% の生地　70（横）×100cm（縦）
　　見返し部分110（横）×6cm（縦）
　　巾着部分　80（横）×32cm（縦）を2枚
アップリケ地 … コットン100%　40×40cm を2枚
裏地 … コットン100%の白かクリーム生地　70（横）×100cm（縦）
内袋地 … コットン100%　プリント生地 70（横）×100cm（縦）
　　ポケット部分（大）23（横）×33cm（縦）
　　ポケット部分（小）15（横）×26cm（縦）
キルト芯 … ポリエステル100%　70（横）×100cm（縦）
しつけ糸 … 適宜
アップリケ糸 … 2色　1本はアップリケ用、1本は下地と同じ色の成形用
キルト糸 … 1本
カラーひも … 巾着の部分に使います。5mm幅1.5mを2本
持ち手 … レザー70cmの持ち手
接着芯（見返し用）… アイロンで付くタイプ　110×4cm

作り方（仕立てはミシンを使っても、手縫いでも大丈夫です）

1　下地を1/4に折り外表でアイロンかけをします。その上にバケツ型トートバッグの型紙を置き、トレースします（表と裏は1枚の布で繋がっています）。
2　1の生地は表と裏、別々にマチの部分5cmを上下にアイロンします。マチの部分の上をクッションの時と同じように1/8に折り、アイロンかけをします。
3　アップリケ用の2枚の生地をそれぞれ外表で1/8折りしアイロンかけをします。
4　アップリケのパターンを置いてそれぞれトレースし、トレースしたラインから4〜5mm外側をカッティングします。
5　2でアイロンがけしていた下地にアップリケ地を広げます。表と裏それぞれの中心に置き、まち針で止めます（ここでは表をハートフル・ウル・ウルにし、裏をハートフル・ウルとします）。
6　表も裏もアップリケ地を下地にしつけします。
7　表も裏もアップリケします。
8　アップリケが終了したらしつけ糸を取り除き、キルト芯、裏地の3枚をまち針で止めて中心からしつけをかけます（表と裏は1枚の布で繋がっています）。
9　キルティングを始めます。落としキルト、飾りキルト、エコーイングキルトと表裏ともに同にキルティングします。

バッグの成形

1　キルトしたバッグを横に1/2に折り、中表にして両脇の仕立て線上を縫います。縫いしろ1.5cmくらいを残し、余分な部分をカットします。表に返し、底の部分を型紙通りにマチの部分5cmを折り込み、底の部分を端ミシンのように5mm内側を一周縫います。
2　内袋のプリント生地にポケット用の生地を縫いつけます。内ポケット用の生地は大小ありますが、それぞれを中表でとじ口を3cmくらい除いて縫います。それを3cmのとじ口から表にひっくり返します。そして端ミシンのように外側から5mmくらいのところを一周縫っておきます。できあがった大きいポケットに小さいポケットを好きなように縫いつけ、大きなポケットを内袋の好きな位置に縫いつけておきます（レッスンバッグ参照）。
3　ポケットのついた内袋を1/4に折り、バケツ型トートバッグの型紙をトレースます。横に1/2に折り、中表にして両脇の仕立て線上を縫います。縫いしろ1.5cmくらいを残し、余分な部分をカットします。※内袋は表のキルトしたバッグのサイズより、少し小さめに縫うときれいに仕上がります。
4　内袋をキルトしたバッグの中にスポッと入れます。

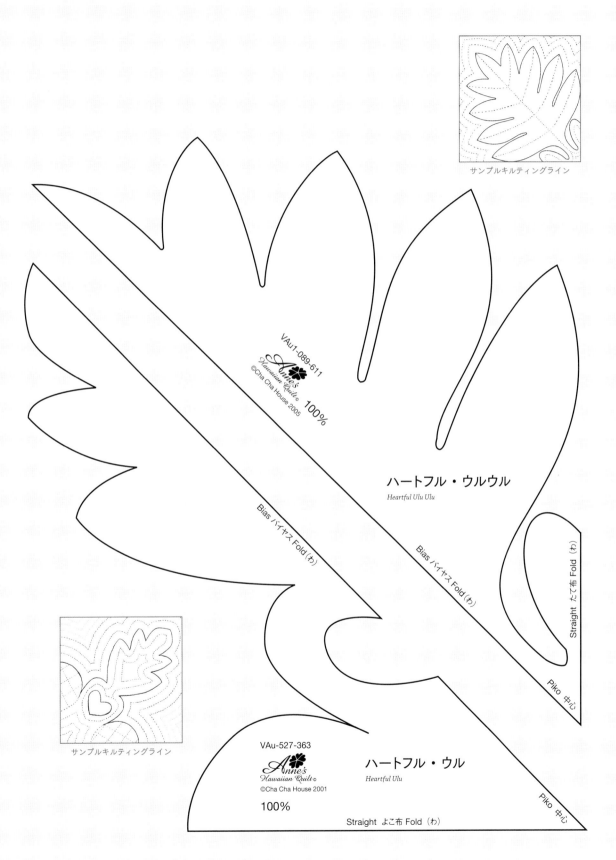

サンプルキルティングライン

VAu1-089-611

Anne's
Hawaiian Quilt®
©Cha Cha House 2005   100%

Bias バイヤス Fold（わ）

Bias バイヤス Fold（わ）

Straight たて布 Fold（わ）

ハートフル・ウルウル
Heartful Ulu Ulu

Piko 中心

サンプルキルティングライン

VAu-527-363

Anne's
Hawaiian Quilt®
©Cha Cha House 2001

100%

ハートフル・ウル
Heartful Ulu

Piko 中心

Straight よこ布 Fold（わ）

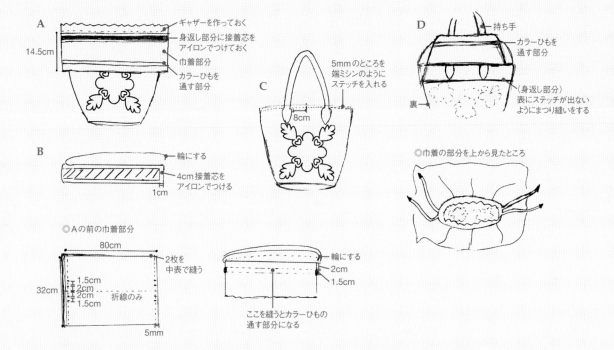

A ギャザーを作っておく

14.5cm

身返し部分に接着芯を
アイロンでつけておく

巾着部分

カラーひもを
通す部分

B 輪にする

4cm接着芯を
アイロンでつける

1cm

◎Aの前の巾着部分

80cm

2枚を
中表で縫う

32cm

1.5cm
2cm
2cm
1.5cm

折線のみ

5mm

輪にする

2cm
1.5cm

ここを縫うとカラーひもの
通す部分になる

C

5mmのところを
端ミシンのように
ステッチを入れる

8cm

D 持ち手

カラーひもを
通す部分

裏

（身返し部分）
表にステッチが出ない
ようにまつり縫いをする

◎巾着の部分を上から見たところ

巾着部分

1　横80cm、縦32cmの生地を2枚用意します。2枚とも同じように外表で横半分に折り線をつけておきます。このとき縦の長さは16cmになります。その生地をまた広げ、折線から下に2cm、その下に1.5cm、折線から上に2cm、その上に1.5cmにチャコペンで印をつけます。印をつけた2枚の生地を中表にし、両脇の端から5mmの所にチャコペンで印をつけます。印をつけたところをまち針で止め、波縫いしていきます。ただし、先ほど印をつけた1.5cmの部分の前で一度玉止めし、糸を切ります。そして1.5cm飛ばして、また波縫いをします。次の1.5cmの部分にきたら、もう一度止まり玉止めをします。そして1.5cm飛ばして、その後は最後まで波縫いを続けます。これは、1.5cm開けた部分を2箇所作るということで、後に巾着のカラーひもを通す場所になります。両脇ができたら、線の半分を表に返すと、16cmの幅で輪の状態になります。

2　輪になった生地を机の上に置き、先ほど折った折線から下へ2cm、その下1.5cmの場所に印をし、その線をチャコペンで描きます。1.5cmの両脇は縫ってない場所になります。輪になっているので、気をつけながら引いた線を波縫いで縫っていきます。これも巾着のカラーひもを通す通路になります。下の切りっぱなしの部分はバッグの本体に縫い付ける部分になります（図A）。

3　下の切りっぱなしの部分ですが、巾着の幅は上から14.5cmのところで印をつけておきましょう。その線の外側にしつけ糸で波縫いをしてギャザーがでるように準備をしておきましょう。

4　バッグの幅が約52cmなのでその倍の104cmを見返しの部分として用意します。幅6cmの生地に上下1cmずつ縫いしろをチャコペンで印をします。両端も同じように1cmの縫いしろの印をします。生地の中の4cmの

ところに接着芯をアイロンでつけます。この部分はバッグの持ち手をつける生地を強化するためです。接着芯がついたら、両端を縫いしろ1cmの部分で縫い、輪の状態にしておきます（図B）。

バッグの成形と巾着部分の合体

1　バッグの本体は表のまま、巾着の部分はギャザーをあらかじめつけておき、接着芯のついた見返しを中表にして重ね、まち針で止めます。ギャザーの部分は均等にギャザーがでるように気をつけてください。そしてまち針の上をしつけします。しつけが終わったら、その上を波縫いします。

2　縫い終わったら見返しの部分を返し、裏地にまつり縫いをし、本体にしっかり縫いつけます。このときに、まつり縫いが表にでないよう、また表といっしょに縫わないように裏地だけに縫いつけてください。

3　巾着の部分を内側に入れ、バッグの上の部分から5mm内側を端ミシンのようにステッチします。こうするとバッグの底のバケツ部分と同じようにしっかりします（図C）。

4　レザーの持ち手の場所を計り、印をつけます（中心から左右に約8cmくらいのところ）。持ち手の表と裏の皮の部分を同じ穴に針を通し、一針抜きで波縫いします。このとき、皮用の太く長い針を使う事をおすすめします。糸はキルト糸を二重にして使います。そして一周したら、今度は一針抜きで引き返すように波縫いをします。始まりの地点に戻ったら返し縫いをして玉止めをして完成です（図D）。

5　巾着の部分に、カラーひもを片方から1本、もう片方から1本を通します。

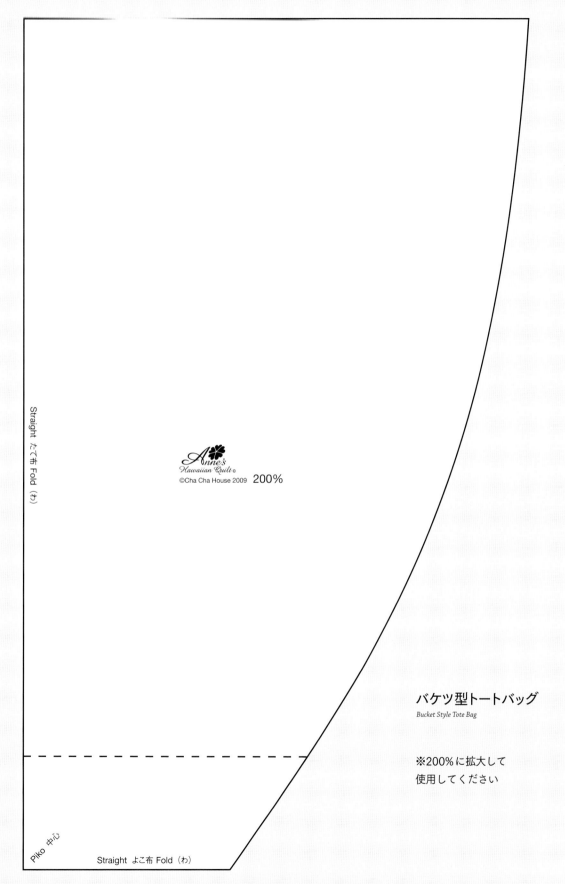

Straight たて布 Fold (わ)

©Cha Cha House 2009 200%

バケツ型トートバッグ
Bucket Style Tote Bag

※200%に拡大して
使用してください

Piko 中心

Straight よこ布 Fold (わ)

参考文献

1. A Tropical Garden Flora by George W. Staples and Derral R. Herbst,
   Bishop Museum Press
2. In Garden of Hawaii by Marie C. Neal, Bishop Museum Press
   Common Hawaiian Trees by Friends of Hawaii's
3. The Queen's Quilt by Rhonda E. A. Hackler and Loretta G. H. Woodard
   The Friends of Iolani Palace publishing
4. Hawaii's Story by Hawaii's Queen, Liliuokalani by Helena G. Allen
5. Rise and Fall of the Hawaiian Kingdom by Richard Wisniewski
6. The Wilcox Quilt in Hawaii, by Robert J Schleck, photographs by Hugo de Vries
   by Grove Farm Homestead and Waioli Mission House Kauai, Hawaii 1986
7. Hawaiian Flag Quilts: Multivalent Symbols of a Hawaiian Quilt Tradition
   by Joyce D. Hammond downloaded from internet
8. Tropical Gardens of Hawaii, by David Leaser, Mutual Publishing
9. Hawaiian Quilts by Stella M. Jones, Published jointly by the Daughters of Hawaii,
   Honolulu Academy of Arts and Mission Houses Museum, Honolulu HI 1973
10. Hawaiian Quilts – Tradition and Transition
    by Reiko M Brandon, Loretta G.H. Woodard by Kokusai Art
11. The Hawaiian Quilt by Reiko Mochinaga Brandon, Honolulu Academy of Arts
12. Hawaiian Quilt Masterpieces by Robert Shaw, Hugh Lauter Levin Associates, Inc.
13. The Hawaiian Monarchy by Allan Seiden, Mutural Publishing
14. Growing Native Hawaiian Plants by Heidi Leianuenue Bornhorst, Bess Press
15. Royal History Course – The Friends of Iolani Palace by Barbara Del Piano,
    Lisa Martin, Zita Cup Choy and others, The Friends of Iolani Palace 1996
16. Flowers and Plants of Hawaii by Paul Wood / photography by Ron Dahlquist,
    Island Heritage Publishing
17. Coastal Plants by Michael Walther, Mutural Publishing
18. Hawaiian Dictionary Hawaiian - English, English – Hawaiian, revised edition
    by Mary Kawena Pukui and Samuel H. Elbert, University of Hawaii Press
19. A Literary Lei Flowers & Plants of Hawaii by Jim & Virginia Wageman,
    Watermark Publishing
20. The Hawaiian Quilt by Napua Stevens, Printed by Service Printers
21. Memories of Majesty at Hanaiakamalama Queen Emma Summer Palace
22. The Hawaiian Quilt The Tradition Continues by Poakalani, John, Cissy Serrao,
    Raelene Correia, Mutual Publishing

朝日新聞社のハワイの花300種ガイド、 武田和男著
日本交通社の世界・花の旅 ハワイの花編 柳 宗民著
平凡社 ハワイアン・ガーデン 楽園ハワイの植物図鑑 近藤純夫著

Sayuri "Anne" Fujiwara　藤原小百合アン

ハワイアンキルト・キルター

高校でのアメリカ留学を機に、大学卒業後、本土を経てハワイに移住。ハワイアンキルトに魅せられて勉強を始め、2001年に東京教室を開催し、その後ハワイでも教室を持つ。9.11の同時多発テロ犠牲者と家族の追悼として「千羽鶴フレンドシップ・キルト」を日本人とハワイ人の援助を得ながら完成させ、09年9月に9.11メモリアルに寄贈。11年7月「キルトハワイ」で「マノアの森」がグランプリ受賞。12年よりハワイ州観光局のカルチャーコミッティのメンバーに。13年にイオラニ宮殿公認のドーセントになる。著書「のんびりちくちくハワイアンキルト」「ハワイ、花とキルトの散歩道」「キルト・ストーリー」など。数多くのハワイアン・イベントに出展中。

作品協力／藤原幹子、五十嵐佐和子、井上広代、濱田孝子、会田久子、植野明美、吉見朋子、山木佳子、小笠原典子、佐藤恵子、細野さわ、鈴木祐子、上原由紀子、福田慶子、木村洋子、飯島貴美子、田中美津子、花澤幸子、生地砂苗、対馬浩子、後藤昭子、吉野典子、吉野真由美、青山昌美、タンダル真理、早坂芽衣、角松真起子、土屋綾子、一戸美穂子、高林千恵、河野由江
編集／office KANAI　撮影／田辺一豊、中本浩平　デザイン／APRON

Special Thanks to
Jon Clausen、井上昌広(Mace International)、新谷修二、新谷美恵子、小椚文雄、小椚美由紀、野口恭孝（ネイルラボ）、キミコ・クァン
John Serrao (Poakalani's Quilt), Cissy Serrao (Poakalani's Quilt), Taffy (Poakalani's Quilt)
Sara Epling (Makaha Quilters)
Zita Cup Choy (Friends of Iolani), Fumi Waugh (Allerton Botanical Garden),
Moises Madayag (Grove Farm Homestead Museum), Betty Kam (Bishop Museum),
Laurie Barker-Perez (Waianae Library), Dale Bachman (Emma's Summer Palace)

Website
http://www.anne-hawaiianquilt.com
Online Shop
http://anne-quilt.shop-pro.jp
Facebook
https://www.facebook.com/AnnesHawaiianQuilt
Instagram
annes_hawaiian_quilt

伝統と歴史がはぐくんだハワイの手仕事

増補改訂 ハワイアンキルト
パターンとステッチの魅力

2021年7月18日　発　行　　　　　　　　　　　　　　　　　　　NDC 594

著　者　藤原小百合アン
発行者　小川雄一
発行所　株式会社 誠文堂新光社
　　　　〒113-0033 東京都文京区本郷3-3-11
　　　　（編集）電話03-5800-3621
　　　　（販売）電話03-5800-5780
　　　　https://www.seibundo-shinkosha.net/
印刷所　株式会社 大熊整美堂
製本所　和光堂 株式会社